VIVER
na paz

Capa
Gabriela Haeitmann

Dados Internacionais de Catalogação na Publicação (CIP)

Llano Cifuentes, Rafael
Viver na paz / Rafael Llano Cifuentes —
3ª ed. — São Paulo: Quadrante Editora, 2024.

ISBN: 978-85-7465-608-3

1. Conduta de vida 2. Fé 3. Felicidade 4. Paz de espírito 5. Realização pessoal 6. Vida cristã I. Título

CDD—248.4

Índices para catálogo sistemático:
1. Paz : Reflexões : Vida cristã : Cristianismo 248.4

QUADRANTE EDITORA
Rua Bernardo da Veiga, 47 - Tel.: 3873-2270
CEP 01252-020 - São Paulo - SP
www.quadrante.com.br / atendimento@quadrante.com.br

VIVER na paz

RAFAEL
LLANO
CIFUENTES

3ª edição

SUMÁRIO

VIVER NA PAZ

O Senhor é a minha luz
e salvação (Sl 26, 1).

O imprescindível

Viver na paz não é apenas um modo de viver, entre outros. É algo muito mais profundo: é um ajustamento vital, uma tranquilidade no mais íntimo do ser. Perder a paz significa desvincular-se do núcleo mais profundo da personalidade; é viver descentrado, perder o contato com as raízes do nosso ser.

A sabedoria oriental pergunta: "Por que te inquietas? Parece que estás à procura de algo que perdeste. O que foi? Um objeto importante para a tua vida? Um tesouro que tinhas conseguido depois de muito esforço? Não, não é isso! Eu te vou dizer o que perdeste: perdeste algo muito mais importante, perdeste o que há de mais sagrado dentro de ti próprio: perdeste a paz!"

Perder a paz é perder a harmonia interior, o equilíbrio íntimo, que é a característica fundamental da plenitude pessoal. E viver em paz é tanto como ser dono de si próprio, como estar na posse da própria existência.

Quantas vezes nos inquietamos por coisas grandes e por coisas pequenas: quando perdemos a saúde, quando perdemos o emprego, quando perdemos a oportunidade de fazer um bom negócio, quando perdemos a carteira de identidade... Mas na realidade estamos perdendo algo muito mais importante: a paz, a nossa verdadeira identidade.

Você já andou pela Avenida Rio Branco, no Rio de Janeiro, ou pela Praça da Sé, em São Paulo, num dia de trabalho? O que observa? Pessoas tensas, nervosas, apressadas, inquietas... Parece que algo muito sério lhes está acontecendo, que algo muito perigoso as está perseguindo; e não percebem que, com a sua agitação, estão perdendo algo muito mais valioso: a paz!

No entanto, no meio dessa correria, passa-nos subitamente pela mente, como uma lufada de ar límpido, um pensamento: Será que tudo isto é tão importante que valha a pena perder o sono, comprometer a minha saúde, a tranquilidade do meu lar? "Não é verdade — pergunta Jacques Madaule — que há para cada um de nós um momento, nesses dias demasiado ocupados, em que de repente sentimos que tudo aquilo não tem importância nenhuma, que não está naquilo o essencial, que permanecemos na superfície das coisas?"[1]

Continuemos a perguntar-nos: Não é verdade que, por vezes, se torna evidente a impressão de estarmos sozinhos ou perdidos no meio de uma multidão de relações, numa festa, numa reunião em que as conversas se cruzam e entrecruzam falando de banalidades...,

1 Cit. por Antonin Dalmatius Sertillanges, *Deveres*, Aster, Lisboa, 1957, p. 110.

enquanto por dentro experimentamos uma sensação de vazio e de solidão? Não temos a percepção de que, quando trabalhamos afanosamente, o motivo de todo esse esforço talvez não valha tanto a pena? Não experimentamos certa frustração quando conseguimos um objetivo e, no fim de tanto empenho, reparamos que no fundo não era isso o que procurávamos?

O que nos indicam essas coisas? Indicam-nos que a felicidade e a paz não nos vêm de fora; que nas coisas exteriores podemos achar com frequência um incentivo e uma motivação, mas só na medida em que encontrem eco no nosso coração, isto é, na medida em que não representem uma alienação, uma usurpação da nossa identidade mais profunda, antes sejam uma peça na construção do ideal da nossa vida, o endereço verdadeiro da carta branca da nossa alma.

Diz o Salmo 118: *A minha alma está sempre nas minhas mãos*. Nós poderíamos perguntar-nos: Está a minha alma nas minhas mãos, ou está nas mãos do trabalho atabalhoado, em poder dos nervos descontrolados, sob a nuvem ameaçadora dos fantasmas do passado ou dos pressentimentos agourentos do futuro? Não temos, vez por outra, a impressão de que não nos possuímos, de que somos possuídos pela trepidação, pelas preocupações, pelas impaciências, pelas irritações...?

Ortega y Gasset sintetizava o seu pensamento historicista nesta frase: "Eu sou eu e a minha circunstância". Mas não raro se deveria reconhecer: Eu, antes de ser *eu*, sou a minha circunstância, a minha esgotante atividade, a minha depressão, a minha ansiedade; e o meu *eu* vai a reboque, atrelado a todas essas situações descontroladas. Certas pessoas parecem *marionetes* movidas pelas mais diversas cordinhas: o trabalho febril, o pressentimento de um perigo, o medo de uma doença, o puxão da sensualidade ou da ira, o ativismo fora de toda a medida... São comandadas de fora, não são elas que agem.

Hoje, mais do que nunca, temos que reafirmar a necessidade de entrar na posse de nós mesmos, de conseguir que a nossa atividade emane de um núcleo central de convicções; precisamos evitar que venhamos a ser arrastados pelos acontecimentos como uma folha pelo vento, precisamos marcar nós mesmos — e não as circunstâncias — o ritmo das nossas vidas. Somos nós que temos de levar as rédeas da nossa vida. Pois quando perdemos a posse da nossa existência, perdemos a paz.

Que paz observamos na noite de Natal! A Criança dorme no regaço de Maria, com José ao seu lado. Acabam de chegar de Nazaré, são uns forasteiros. Passados uns dias, partirão para o Egito e lá permanecerão até José ser novamente avisado por Deus... Entretanto estão ali, naquela gruta como se estivessem em sua própria casa, como se não tivessem outra coisa a fazer senão aquilo que fazem naquele momento... Quanta simplicidade, quanta serenidade!... Os pastores, de joelhos, adoram o Menino, trazendo os seus presentes, como a ação mais importante das suas vidas. Parecem ressoar aos nossos ouvidos as palavras dos anjos pronunciadas ainda há pouco: *Paz na terra aos homens de boa vontade* (Lc 2, 14).

Que paz! E, como contraste, a intranquilidade do ambiente que nos rodeia: a violência, os assaltos, a guerra dos traficantes, a corrupção... E os milhares de conflitos conjugais, de divórcios... E a luta desesperada e inconsciente de milhões de crianças trucidadas pelo aborto... E, latente, indefinida, a ansiedade que é como um termômetro que mede o nível anímico do homem dos dias de hoje...

Sim, há um violento contraste entre a situação social que nos rodeia, a vivência íntima da maioria das pessoas que nos cercam, e a paz que os anjos proclamam em Belém para *os homens de boa vontade*. É a mesma paz que o Senhor nos oferece continuamente: *A minha paz vos deixo, a minha paz vos dou* (Jo 14, 27). Este é como o "logotipo" de Jesus Cristo, que deveria ser também o distintivo de todo o cristão: ser como um remanso de serenidade.

Preservar a interioridade

No nosso tempo, grassa uma verdadeira doença: a vontade de triunfar a todo o custo. A sociedade competitiva em que vivemos criou a necessidade psicológica do sucesso. É preciso subir na escala social. É necessário ganhar *status*. Despertar admiração. A profissão tornou-se fundamentalmente um pedestal. Daí vem a corrida pelos postos rendosos e honoríficos, catalisada pelo "doping" da vaidade que lança adrenalina nas veias, incentivando à realização de um trabalho apopléctico. E que acaba por desgastar a pessoa pelo *stress*, pelos distúrbios psicológicos, a não ser que antes tenha sido fulminada pelo infarto. O habitante das nossas cidades é, não raro, um homem escravo, dominado pela paixão da vaidade e da ambição. Não é dono do seu destino pessoal. Faz parte da máquina de uma sociedade globalizada que enaltece a produtividade e tritura a ineficácia.

Quando um homem não tem o comando da sua vida, perde a sua categoria humana, a sua prerrogativa essencial que o distingue da planta ou do animal: está sempre condicionado pelas circunstâncias e pelo meio ambiente; não tem uma vida autônoma. Todos os fatores externos, a opinião alheia, os *slogans* propagandísticos, as ideias e sentimentos que a mídia, a televisão e o rádio querem incutir-nos a marteladas passam então a invadir o centro solene da sua alma e é como se injetassem uma espécie de "narcótico" nas veias do seu ser, colocando-o num estado de "pré-hipnotismo".

Urge interiorizar-nos. O homem que perdeu o silêncio e o recolhimento não somente perdeu um atributo: foi modificado em toda a sua estrutura. O silêncio e o recolhimento são como as pálpebras que protegem o que há em nós de mais pessoal e profundo.

Gustave Thibon, um dos mais conhecidos pensadores franceses contemporâneos, comentava num dos seus artigos na imprensa:

> "Há uns dias, numa conferência, dizia eu a um grupo de executivos que o clima da sociedade atual torna cada vez mais difícil o acesso à vida interior, designando com essa palavra a capacidade de recolhimento, de solidão, de silêncio e, para os que têm fé, de oração.

> “A vida interior? — disse um dos meus ouvintes —. Noção muito antiquada para esta segunda metade do século XX, em que o homem liberta a energia dos átomos e visita os astros. Eu só creio no dinamismo e na eficácia, e *só me sinto bem* na ação, no dinamismo do meu trabalho ou na distração que consigo com o fruto desse trabalho: no esporte, nos espetáculos, nas viagens”...[2]

Essa maneira de falar poderia estar na boca de milhares de pessoas em qualquer cidade grande: quantas vezes não ouvi palavras semelhantes! “Reflexão, oração, isso está bem para um monge, para uma freira, mas não para mim. O senhor não pode imaginar — dizem-me — o que tenho de fazer: sou continuamente assaltado pelas responsabilidades e obrigações... Não tenho um minuto livre... Os filhos, o cônjuge, os problemas em casa, o trabalho, a empresa, os negócios, os mil assuntos a resolver solicitam a minha ação, a minha atenção. E depois parece-me tão inútil ficar parado, assim, sem fazer nada... Eu não tenho tempo para lero-leros”.

Aos que assim se expressam, poderíamos dizer-lhes o que Gustave Thibon respondeu ao seu interlocutor:

> “Quero tornar-lhe mais precisa a noção de vida interior. O que distingue o ser humano de uma máquina é precisamente o aspecto interior, os pensamentos, os sentimentos. Uma máquina realiza exteriormente o que o homem pode realizar, mas não pode sentir nem pensar.
>
> “O senhor diz que só é feliz com a ação. Mas essa felicidade, pergunto, está nas coisas sobre as quais o

2 Gustave Thibon, *Equilibrio y armonía*, Rialp, Madri, 1978, p. 21.

senhor atua — por exemplo, se é arquiteto, nas pedras das casas que constrói — ou atua em si mesmo, em razão da plenitude que experimenta pelo exercício das suas faculdades criadoras?

"A felicidade não está na eficácia e no dinamismo — termos mais de moda do que os da vida interior —, na rapidez em construir um prédio. Porque tudo isso pode ser feito muito melhor por uma máquina.

"O senhor acha que um homem pode ter como ideal ser uma máquina, muito eficiente, mas que não sente nada?

"Diz que gosta de viajar. Mas o que é que dá valor a uma viagem? O ir de um lugar para outro, ou antes a maravilha de descobrir o encanto de uma nova paisagem, que é uma experiência fundamentalmente interior?

"Não repara que a fonte da felicidade não está na ação exterior, mas no mais íntimo de cada qual, na plenitude interior que leva à ação?

"Não compreende que viver do exterior é viver condicionado pelos acontecimentos?

"Não entende que um homem devorado (que eloquente palavra!) pela febre da ação não tem as suficientes reservas interiores para gozar plenamente dos resultados dos seus esforços?

"O excesso do *fazer* provoca a anemia do *ser*.

"Estou cheio de atividades, diz-me o senhor. Não se esqueça de que não é o mesmo estar cheio do que sentir-se pleno. Cheio pode significar também saturado, esgotado, obstruído por tanta inquietação.

"Depois de dizer isto, posso reafirmar o caráter necessário da ação, as suas virtudes e os seus benefícios. Mas com a condição de que não chegue até ao esgotamento interior, no qual o homem despossuído do que *é* se converte em escravo do que *faz*"[3].

---

3 Gustave Thibon, *ibid.*, pp. 22-24.

Que expressiva é a expressão popular brasileira *"estou cheio!"* Vem a dizer algo semelhante a *"estou farto"*, algo diametralmente diferente dessa plenitude possível apenas no silêncio interior que permite o contato com o que temos de mais íntimo.

Viajar para dentro

O recolhimento e o silêncio interior são fundamentais para se conseguir a paz, o equilíbrio e a harmonia de uma vida em plenitude.

Há hoje muitas pessoas que vivem divorciadas de si mesmas porque não fazem silêncio por dentro. Não ouvem o que há de mais essencial, porque o ruído as impede de ouvir a voz do seu mundo interior, que é onde Deus se pode manifestar. É por isso que tantos precisam de "terapias" especiais, e é também por isso que os homens que têm vida interior normalmente não precisam ir ao analista: a paz, fruto da meditação e da oração — sem reduzir-se simplesmente a isso —, não deixa de ser uma verdadeira e fecunda *terapia salvadora*.

Há pairando no ambiente como que uma necessidade de paz interior, um desejo de realizar o que se vem chamando a *experiência de Deus*. É interessante reparar nos resultados das entrevistas que a empresa CPM Centrais de Pesquisas realizou em seis grandes cidades brasileiras, entre pessoas de doze a vinte anos, conforme noticiou a *Folha de São Paulo*. Essa pesquisa detectou que "o jovem brasileiro quer falar com Deus pessoalmente" e, comentando-a, Lucas Porto escreveu: "Os resultados revelaram a onda de religiosidade entre os jovens do fim do século, abalando a visão de que esta seria uma geração materialista, sem transcendência espiritual. *De cada cem entrevistados, 52 gostariam de ter uma conversa a sós com Deus.* A fé é praticamente unânime: 98,2% das moças e dos rapazes ouvidos em São Paulo, Ribeirão Preto, Belo Horizonte, Porto Alegre, Recife e Salvador, disseram acreditar em Deus"[4].

Sim, precisamente agora, quando o que mais se valoriza é a eficácia do trabalho, a capacidade de elevar o próprio *status* social ou de fazer subir o nível da conta bancária, parece que se torna mais aguda, por contraste, essa sede de absoluto, que é nostalgia de Deus, necessidade de recolhimento em Deus.

É o que diagnosticava também o Papa João Paulo II na Carta Apostólica *Novo Millennio Ineunte*: "Não será porventura um «sinal dos tempos» que se verifique hoje, não obstante os vastos processos de secularização, *uma generalizada exigência de espiritualidade*, que em grande parte se exprime precisamente numa *renovada necessidade de oração*?"[5]

Nesse sentido, não admira que, já há alguns anos, tenha entrado em moda a *meditação transcendental*. Nos Estados Unidos, a chamada *Mahesh yoga* tem mais de trinta mil adeptos que tiveram de pagar 130 dólares apenas para se inscrever nos "ritos de iniciação". E John Kaplan, professor da Universidade de

---

4 *Folha de São Paulo*, 24.05.1998. Lucas Porto, "Deus e os adolescentes", em *Interprensa*, n. 15, jul 1998, p. 3.

5 João Paulo II, *Novo millennio ineunte*, 17.03.2001, n. 32.

Stanford, recomenda a *meditação transcendental* como um "tranquilizante não-químico, sem efeitos colaterais". Esta frase pareceria uma piada se não tivesse sido formulada com a maior seriedade acadêmica por um eminente professor de Direito.

Também aqui é frequente encontrarmos gente mais ou menos barbuda ou com cara de "monge budista" na praia, nos parques da cidade, na montanha, no campo, fazendo "meditação transcendental". A grande pena é que esse tipo de meditação, embora possa ser expressão da sede de Deus de que acabamos de falar, nada tem de verdadeira oração, porque representa apenas uma técnica de concentração, de autodomínio que só aumenta a sensação de vazio.

Por contraste, infelizmente, é mais frequente ainda encontrar católicos que dizem não ter tempo para fazer um pouco de oração diária, enquanto tomam vidros e vidros de *valium* ou de outro tranquilizante... Não se pense que estou criticando os tratamentos médicos; estou simplesmente dizendo que, em muitos casos, poderia trocar-se a química dos calmantes pelos comprimidos da paz e da serenidade que se elaboram nos pouco frequentados laboratórios da oração.

Sem dúvida, a quietude da oração — que não é solidão, mas diálogo com Deus, como veremos mais adiante — é como um remanso de paz no turbulento rio da vida. As águas agitadas, tumultuosas, serenam-se; os detritos que porventura carregaram na sua corrida sedimentam-se; e só então é que podemos enxergar o verdadeiro rosto do rio, o verdadeiro semblante da alma.

Colocar-se na atalaia de Deus, saber olhar a realidade com a perspectiva de Deus confere-nos uma imensa serenidade. Não há nada que dê mais serenidade do que perguntar-se no silêncio da oração: "Que importância terá isto daqui a dez anos?"; ou melhor: "Que significado real tem este acontecimento diante de Deus?"

A já clássica sabedoria americana de Ralph Waldo Emerson dizia: *"The one prudence in life is concentration; the one evil is dissipation"*. Poderíamos traduzir essa frase assim: "Recolhimento — fonte de toda a sabedoria; dispersão — princípio de todos os males".

Concentrar-se, recolher-se, é ir para o centro. E é lá no centro que encontraremos a raiz e o sentido da nossa vida. Neste nosso clima cultural, em que viajar se tornou um desejo quase universal, é preciso, em primeiro lugar, *viajar para dentro*, em busca desse *centro da nossa existência*. Só a partir dele é que encontraremos o sentido da nossa vida. E só depois de encontrá-lo é que poderemos "sair" e entregar-nos às nossas aspirações e ocupações sem nos perdermos: os nossos atos procederão desse núcleo vital e a ele conduzirão. E só então é que as muitas coisas que fazemos não destruirão a nossa paz.

Santo Agostinho dizia que *"a paz é a tranquilidade na ordem"*: não pode haver paz se não virmos que os nossos passos e atividades giram em torno de um centro, dele bebem o seu sentido e para ele se ordenam. Como poderemos ter paz se não sabemos de onde partimos e para onde vamos, e portanto não temos um padrão que meça o verdadeiro valor dos nossos atos?

Chegamos assim a entender que a paz é algo mais do que uma qualidade perdida entre outras. É muito mais do que isso: é a tomada de consciência de estarmos caminhando em cima da linha diretriz que indica o sentido da vida. A paz é como um *radar* que se põe em movimento quando percebemos — por uma profunda convicção — que nos estamos dirigindo para o centro gravitacional da nossa existência. O desassossego e a angústia são a outra face, dolorosa, dessa mesma verdade: quando não se está centrado ou não se tem a certeza de estar caminhando no rumo marcado pelo sentido da vida, brota a inquietação, que é precisamente o contrário da paz: *a intranquilidade na desordem*.

E a consciência mais íntima, talvez de uma maneira subliminar, percebe-o em determinados momentos em que porventura nos diz: "Você está à beira de uma *crise existencial*".

A crise existencial

Falar de *crise existencial* anda na moda mais ou menos há meio século. Guardo comigo, amarelado pelo tempo, um recorte do *Jornal do Brasil* com uma crônica de Paris enviada pelo conhecido jornalista José Carlos Oliveira. Refere-se nela, de maneira comovente, à sua crise existencial, às suas inquietações e nostalgias:

> "Estou em Paris, sentado ao meio-dia no jardim de Luxemburgo..., meditando... Deveria ir a Lourdes, Chartres e Fátima, pois posso declarar sem pudor que ando à procura da minha fé perdida. A minha fé católica, uma graça de Nossa Senhora que acalentou a minha infância, ajudou-me a sobreviver nas piores condições. Para destruí-la, tive de inventar uma máquina, feita peça por peça de conceitos filosóficos existencialistas. Após sofrer um trauma de grandeza trágica, isto no pórtico da juventude, triturei assim a minha fé e avancei revoltado, niilista, para dentro do mundo adulto. Cá estou agora, sentado no jardim de Luxemburgo, meditando...; o meu coração alegre, mas a minha alma alimentando-se de inquietação e nostalgia. Vivendo essa experiência na intensidade com que experimento e interrogo cada ondulação ou crispação do meu ser, posso dizer literalmente, dizê-lo autenticamente pela primeira vez desde que esta expressão popular foi pronunciada: «A minha alma come o pão que o diabo amassou»"[6].

Que triste uma vida alimentada com esse pão amassado de amargura e de angústia, que suspira nostalgicamente por uma fé perdida! Mas essa sensação de agonia, provocada por uma pausada meditação, pode ter sido para esse jornalista como uma janela aberta para Deus. É preciso que as pessoas saibam debruçar-se da janela que abre perspectivas eternas para ponderar, meditar, sentar-se num jardim de Luxemburgo qualquer, para reencontrar — se porventura o perderam — o destino extraviado da sua vida.

Sim, fala-se muito de *crise existencial*. Esta, contudo, frequentemente pode ser uma tomada de consciência

6 José Carlos Oliveira, *Jornal do Brasil*, 21.03.79, Caderno B, p. 4.

da realidade, o pressuposto de uma *conversão para a verdade*: uma suspeita fundada de que a vida não está solidamente alicerçada, de que talvez seja necessário desmontar toda a sua estrutura e edificá-la em outras bases. A sensação de vazio e inquietação pode representar um clarão revelador. Num momento de depressão, pensa-se: "Que estranho me senti hoje! É como se tudo o que antes julgava importante deixasse subitamente de sê-lo. É como se uma inversão na escala de valores estivesse operando dentro de mim: como se o que estava lá em cima viesse a colocar-se cá em baixo..." Mas não se percebe que, precisamente nesse momento, aconteceu uma coisa muito significativa: por um instante levantou-se o véu da costumeira mentira quotidiana e chegou-se a vislumbrar um pouco da realidade de si mesmo e de Deus.

Impressionou-me encontrar uma experiência semelhante numa página do escritor alemão Thomas Mann — prêmio Nobel de Literatura —, através do sentimento íntimo da personagem central do seu célebre livro *Os Buddenbrook*. Buddenbrook, empresário inteligente e culto, homem de extraordinária projeção social, milionário, encontra-se na sua rica biblioteca, num momento de meditação e de silêncio, e, olhando para aquelas magníficas estantes de mogno repletas de sabedoria, teve um momento de comoção, de perplexidade — não entendia o significado da sua vida:

> "A minha vida..., as minhas posses..., a minha cultura..., tudo isso diante do meu olhar baço, sem brilho, era nada. Não era isso o que eu procurava. Não era isso o que queria.

> Comecei a sentir-me insatisfeito comigo mesmo. Rico, prestigioso..., esposa bonita, filhos inteligentes...: poderia dizer-se que tinha tudo o que um homem sensato pode desejar... E, no entanto, sentia-me insatisfeito..., como se um amor mais alto..., um sentimento mais profundo da existência me lançasse um apelo... Senti-me como se estivesse oco, vazio... Lembrei-me então daquele sentimento que me comovia no cimo dos grandes cumes, à beira do mar, ou quando a minha mãe me falava de Deus... Será que estou sentindo nostalgia de Deus? Será que esta sensação que experimento agora é apenas um simples parêntese na minha vida, ou será que agora começa a dissipar-se a névoa da superficialidade e começo a enxergar a profunda realidade da minha existência?"[7]

Essas sensações do protagonista do romance de Thomas Mann — tão parecidas com as de José Carlos Oliveira na sua meditação parisiense — podem ter estado de alguma maneira presentes em muitos de nós ao longo das nossas vidas, coincidindo com momentos especialmente sensíveis... Por qualquer circunstância — porque uma melodia despertou a nossa sensibilidade; porque uma festa familiar evocou a figura dos nossos pais; porque um dia, em visita aos lugares que povoaram a nossa infância, nos sentimos outra vez crianças; porque nos comoveram as palavras e o exemplo de um amigo ou um gesto de ternura; porque uma doença nos reteve imobilizados no leito; porque uma dor inesperada ou uma contrariedade nos obrigaram a concentrar-nos em nós mesmos; porque sentimos a imensa separação de um

---

7 Cf. Thomas Mann, *Os Buddenbrook*, Cedibra, São Paulo, 1975, p. 347.

ser querido... ou por qualquer outra circunstância semelhante —, viemos a compreender que, entre o que éramos e o que ansiávamos ter sido, havia um abismo; que entre a nossa alma e Deus — para Quem fomos criados e por Quem, sem o saber, suspirávamos — levantavam-se as paredes do túnel por onde a nossa existência obscuramente resvalava... Foi então que pensamos: entrei em *crise*. E julgamos necessário ir ao analista.

Porém, lá dentro de nós, algo nos dizia que o que sentíamos não era uma doença psicológica que reclamasse um médico, mas uma realidade bem diferente: como se estivessem começando a desabar os muros do túnel que tínhamos cavado e por onde avançávamos..., como se pela primeira vez nos perguntássemos a sério, em profundidade: qual é o sentido da minha vida?

É por isso que Viktor Frankl disse certeiramente que "cuidar de averiguar qual é o sentido da existência própria não é nem uma situação doentia nem um fenômeno patológico; antes, pelo contrário, devemos guardar-nos muito de pensar tal coisa. [...] *Pois cuidar de averiguar o sentido da própria existência é o que caracteriza justamente o homem enquanto tal* — não se pode imaginar um animal que esteja submetido a semelhante preocupação —, e não nos é lícito degradar esta realidade que vemos no homem ao nível de algo demasiado "humano", uma espécie de fraqueza, de doença..., de complexo. Melhor se poderia dizer que é exatamente o contrário"[8].

8 Víktor Frankl, *La idea psicológica del hombre*, Rialp, Madri, 1965, pp. 58-59.

E acrescenta esse autor que o anormal não é perder a paz preocupando-se pelo sentido transcendental da vida, mas precisamente o inverso: anormal é viver como um "homúnculo", sem verticalidade, aletargado pelo trabalho, pelas incidências da vida, pelas diversões, sem uma explicação última para a própria existência. E fala, de forma extremamente significativa, de doentes psicóticos que somente nos intervalos de *normalidade* é que experimentavam preocupações sobre o sentido da sua vida![9]

Esta a razão pela qual muitas vezes o que se denomina *crise* é antes um despertar, um abrir os olhos à realidade e sentir essa tremenda saudade que traz consigo a ausência de Deus... E é precisamente nesses momentos delicados que se torna indispensável *concentrar-se*, ir ao centro, meditar, *viajar para dentro*, para encontrar lá o núcleo central da personalidade e, com ele, o sentido da vida.

Nesse momento, aparece de uma maneira muito clara o pensamento de Deus: se Deus deu a cada estrela a sua órbita e a cada pássaro o seu canto, deu-me a mim, sem dúvida, um sentido, uma missão a cumprir.

É interessante como os "pensadores" de todos os tempos, ao questionarem os últimos "porquês" das coisas e dos acontecimentos, quando indagavam sobre o sentido da vida, também ao mesmo tempo pediam a Deus a luz necessária para encontrar a paz: *faziam oração*. Platão perguntava-se: "De onde venho, para

---

9 Cf. *ibid.*, p. 59.

onde vou?..." E depois, uma prece pungente: "Ó Ser Desconhecido, tem compaixão de mim!"

A busca do sentido da vida traz consigo, necessariamente, o diálogo com Deus. Voltaremos a falar disto mais adiante.

O barco da existência e o porto da paz

Chamaram-me a atenção, a este respeito, umas palavras do papa Pio XII, dirigidas a um grupo de oficiais da marinha brasileira em Castelgandolfo, residência de verão do Sumo Pontífice. Aludindo à vida do mar, aos desafios constantes das longas travessias marítimas, às muitas viagens e escalas em variados portos, Pio XII deixou-lhes este magnífico recado:

> "Lembrai-vos de fazer escala, frequentemente, *no porto do silêncio interior*, onde podeis encontrar a resposta a todas as vossas aspirações mais íntimas: Deus. Este é o caminho da paz, da alegria, da felicidade: ancorar a nossa fragilidade humana na força de Deus... Fazer repousar o barco da existência, assiduamente, no misterioso e pacífico porto da vida interior e da oração: aí encontrareis a força para continuar navegando e também o próprio rumo da navegação".

Que paz, que tranquilidade dá saber que estamos navegando para o porto da nossa realização eterna!

Mas para não nos desviarmos do rumo que para lá conduz, temos necessidade de olhar para a bússola da nossa consciência, meditar com calma no sentido que os nossos passos apontam. É algo indispensável.

No dizer de Sêneca, "nenhum vento é favorável para o navio que não sabe a que porto se dirige": se não há ou se perde o rumo, não há porto de chegada.

A vida perde toda a sua motivação quando não há um polo de atração, um destino, uma vocação. A única coisa realmente importante — o que *esgota* o problema do sentido da vida — é saber qual é a nossa vocação, o que Deus quer de nós. E levá-lo a cabo.

Não podemos imaginar, se não o experimentarmos, a mudança que se pode operar na nossa existência quando nos deixamos possuir até à medula pelo imperativo da missão a que Deus nos chama. É como se de lá, desse apelo supremo, partisse um braço de ferro que nos levantasse de todos os desânimos e nos incitasse a caminhar: sentimo-nos como que arrastados por uma avalanche de força avassaladora para superar todos os obstáculos. É como se uma potente voz, vinda do lugar para onde fomos destinados, nos chamasse vigorosamente: "Tens que tornar-te aquilo para que recebeste a existência". É como se esse chamado nos despertasse das nossas apatias e nos empurrasse imperativamente para o nosso futuro.

Frankl, apoiado na sua experiência de prisioneiro de diversos campos de concentração, escrevia: "Quem dispõe de um *porquê* é capaz de suportar qualquer *como*". Diria que este pensamento, que explica tão a fundo a realidade do comportamento humano, é válido especialmente quando se tem consciência de que o *porquê* coincide com a razão de ser da nossa vida, ou seja, com o desígnio de Deus sobre cada um de nós. Então sabe-se suportar qualquer *como*, qualquer forma sob a qual se encubra a vontade de Deus, ainda que seja a monotonia dos dias iguais, as cargas do trabalho, as contrariedades e as dores.

Para descobrir esse desígnio de Deus, é preciso estar atento, fazer silêncio para ouvir a voz divina e distingui-la por entre o barulho que fazem o nosso orgulho e o nosso egoísmo, por entre a algazarra do ativismo desenfreado. Viver na superficialidade, no brilho das aparências, deixar-se dominar pelos atrativos sensíveis, pelas miragens do poder e do dinheiro; viver, enfim, deixando-se enfeitiçar pelas ambições que não param, afasta-nos do que há de mais profundo e de mais sagrado no nosso ser: impede-nos de ouvir a voz da nossa vocação, a única que marca o caminho da nossa felicidade, de uma paz que ultrapassa todo o sentimento meramente humano. Quanta gente há que corre atrás dessa felicidade e ao mesmo tempo galopa em direção contrária à do lugar onde ela realmente se encontra!

Deveríamos saber-nos fazer, agora e com frequência, algumas perguntas: "A forma como vivo ajuda-me ou impede-me de enxergar o fundo da minha vida? Sei perguntar-me o que Deus quer de mim, qual a minha vocação nas circunstâncias concretas em que me encontro, de trabalho, de família, de saúde? Imploro à Sabedoria Divina que me ilumine para vir a descobri-la? Determinei-me a consultar a bússola da minha consciência a fim de averiguar se, no dia a dia, estou no caminho certo? Compreendo que para tudo isso tenho de fazer com frequência uma pausa, uma meditação, uma reflexão profunda?

Tomo consciência de que, da resposta acertada que venha a dar a estas perguntas, depende o sentido da minha vida e, portanto, a minha felicidade?"

A ciência da vida

A meditação, além de ajudar-nos a descobrir a nossa vocação e a marcar o sentido da nossa vida, cumpre muitas outras funções. Vamos referir-nos em primeiro lugar ao papel que desempenha para assimilarmos as experiências da vida. Estas podem vir-nos das lições que os outros nos dão e também das que nós mesmos aprendemos com as nossas próprias vivências.

Pode-se aprender muito com a *experiência alheia*. Já o dizia o antigo aforismo: *Historia magistra vitae*, "a História é mestra da vida". Dizem que todos aprendemos "apanhando", mas só os inteligentes aprendem observando como os outros "apanham".

Há quem tenha escrito que Hitler não teria cometido o erro de entrar no coração da Rússia, onde sofreu uma derrota fatal, se tivesse estudado a fundo o desastre sofrido por Napoleão no confronto com Kutusov, o desconhecido comandante russo, mas sobretudo com o "general inverno" — a neve e o frio —, muito mais potente e destruidor. Talvez muitos não tivessem sucumbido à tentação se tivessem aprofundado no que se passou com Esaú, quando vendeu a sua primogenitura por um prato de lentilhas; talvez não tivessem perdido a força da sua vocação se tivessem prestado mais atenção à história de Sansão, vencido pelos encantos de Dalila.

A precipitação, a impremeditação, a falta de reflexão e a imprudência que delas resulta, impedem-nos de levar em conta os desastres alheios — pensando com autossuficiência: "Isso não acontecerá comigo!" — e fazem com que cometamos muitos erros perfeitamente evitáveis.

Há, no entanto, pessoas que caem em erros semelhantes por algo mais grave e indesculpável: por não saberem assimilar as suas *próprias experiências*, por não saberem ler o livro da sua vida. Chegar à maturidade depende em grande parte da capacidade de assimilar as lições que nos ministra a história da nossa própria vida; as crianças e os imaturos não podem ou não sabem assimilar as suas próprias experiências, e por isso incidem repetidas vezes nos mesmos erros.

Diz o salmo: *Super senes intelexi quia mandata tua quaesivi* (Sal 118, 100), "Entendi mais do que os anciãos porque segui, Senhor, os teus preceitos". Seguir os conselhos do Senhor — possuidor de uma "experiência" eterna — é a fórmula para que possamos ter — seja qual for a nossa idade — o poder da juventude e a sabedoria da velhice. E esses conselhos ouvem-se no silêncio em que ponderamos a palavra de Deus.

É impressionante observar como houve jovens, adolescentes e crianças que possuíam uma sabedoria completamente incomum para a sua idade: uma Catarina de Sena, uma Joana d'Arc, um Francisco, uma Jacinta, uma Lúcia — crianças videntes de Fátima — estavam dotados de uma maturidade e de uma lucidez que ultrapassavam por completo o nível de experiência próprio da sua idade.

Em contraposição, há pessoas com sessenta anos de idade que parecem ter o psiquismo de um adolescente. O seu organismo intelectual assemelha-se ao primitivo organismo das minhocas: não sabem assimilar as suas próprias experiências e as dão como fatos consumados ou como fatalidades que só servem para azedar-lhes o caráter ou torná-las desconfiadas e inseguras.

Observamos em Maria um grau eminente de maturidade. No momento da Anunciação, a Virgem devia ter uns quinze ou dezesseis anos, mas o seu comportamento posterior e a forma como se expressou no *Magnificat* — no hino que profere diante da sua prima Santa Isabel — revelam uma maturidade ímpar. Em duas passagens do Evangelho, encontramos um indício do que poderia ser a fonte dessa maturidade: *Maria conservava todas estas palavras, meditando-as no seu coração* (Lc 2, 19-50). E mais adiante: *Sua mãe guardava todas estas coisas no seu coração* (Lc 2, 51).

Vemos assim como a meditação — da qual Maria é exemplo eminente — vem a converter-se igualmente em laboratório onde se assimila a experiência, se destila a sabedoria e se fundamenta a segurança.

Meditar, guardar, *ponderar* é dar a cada acontecimento o seu peso — *pondus*, em latim significa peso — e agir em consequência. É dar aos êxitos e aos fracassos, aos percalços, às contrariedades e aos triunfos, o valor que eles realmente têm e merecem.

Nós reincidimos nos nossos erros porque não sabemos ponderá-los na sua devida dimensão. Caímos reiterativamente nos mesmos pecados porque não meditamos no alcance que tem uma ofensa a Deus. Quando verdadeiramente o fazemos, sentimos dor, uma dor profunda, e o pecado não se repete.

Esta atitude ponderada, reflexiva, dá-nos a perspectiva certa para avaliarmos na sua justa medida todas as experiências por que passamos, e para colhermos delas a prudência de que necessitamos para, situados na atalaia de Deus, assegurarmos uma paz imperturbável.

O EQUILÍBRIO ENTRE O PASSADO, O PRESENTE E O FUTURO

Não vivemos apenas no presente. Vivemos cavalgando no presente, tendo nas costas, como bagagem, o passado, e no horizonte, como motivação ou desafio, o nosso futuro.

O hábito de meditar as coisas na presença de Deus — na atalaia de Deus — é o que nos confere uma atitude equilibrada a respeito dessas três dimensões da nossa vida. Um aspecto importante da sabedoria humana, da ciência da vida, consiste precisamente em determinar a medida e proporção que devemos dar ao passado, ao presente e ao futuro.

Há um tipo de pessoas que vivem erradamente no *presente*: não utilizam as experiências do passado; não sabem tomar as precauções necessárias para o futuro: são os superficiais e os imprevidentes.

Há outros que vivem demasiado no *futuro*: são os preocupados, temerosos, inquietos, ou então os sonhadores, fantasiosos, quixotescos.

Não poucos pagam um excessivo tributo ao *passado*: são os saudosistas, recalcados e ressentidos, os que alimentam lamentações e sofrem de remorsos.

Raramente se encontram homens equilibrados que sabem dar a tudo uma justa medida. O modelo desta atitude equilibrada encontramo-lo novamente em Maria. Além daquele hino extraordinário do *Magnificat* a que nos referimos, em que faz como que uma síntese histórica da experiência de Israel — do poder do braço do Senhor, da sua justiça que derruba os poderosos e exalta os humildes, sacia os famintos e despede de mãos vazias os ricos —, Maria mostra ter assimilado a sabedoria divina que a leva a viver serena na fuga para o Egito, na longa espera, aparentemente monótona, dos trinta anos de vida oculta do seu Filho em Nazaré, no impressionante domínio de si mesma vivido na Paixão do seu Filho... E apesar das predições de Simeão — *uma espada atravessará a tua alma* (Lc 2, 35) —, viveu um dia após outro sem impaciências, sem alarmar-se, sem gritar nem protestar em vão. *Junto da cruz de Jesus* — diz-nos o Evangelho (Jo 19, 25) —, *estava de pé a sua mãe*. Revela ter encarnado a fundo o conselho de Jesus: *No mundo havereis de ter angústias, mas não vos preocupeis, eu venci o mundo* (Jo 16, 33).

Vamos, ao lado de Maria, aprofundar nestes três momentos — o passado, o presente, o futuro — para tentar encontrar o equilíbrio necessário para *vivermos na paz*.

O passado

O *passado* não é um passado simplesmente passado, inerte, sepultado. Está vivo nas lembranças, nos condicionalismos e nos hábitos adquiridos. Essas vivências podem ter deixado um lastro positivo ou negativo.

Há pessoas que guardam nos porões da alma recordações amargas, injustiças, decepções, sem medir-lhes a virulência. Todo esse lastro começa a fermentar e converte-se em sedimentos tóxicos que contaminam a vida presente.

Michel Quoist escreveu a este propósito: "Não se joga roupa suja ao lado de roupa limpa. Não se misturam frutas estragadas e frutas frescas. Se você quiser viver em paz [...], nunca aceite guardar dentro de si uma única preocupação passada, presente ou futura, pois tudo o que está guardado, fermenta"[1].

O Senhor diz-nos: *Deixa que os mortos enterrem os seus mortos. Tu, vem e segue-me.* (Mt 8, 22). Para seguir o Senhor, não podemos carregar os mortos do passado nem permitir que a putrefação cadavérica, as bactérias das experiências nefastas, envenenem o presente. Deveríamos dizer para nós mesmos: Enterremos os mortos! Enterremos o passado negativo! Ou melhor, peçamos a Deus que, como fazem os agricultores, saibamos enterrar os frutos podres ao pé da árvore para que se convertam em fertilizante: filtrar do passado todas as experiências que sejam úteis para o futuro; digerir o passado para convertê-lo em sangue do nosso sangue, em força e segurança.

Há pessoas que enterram os mortos do passado, mas deixam fora do túmulo uma mão amarelada, uma lembrança que se manifesta em forma de lamentação, de remorso ou de ressentimento.

---

1 Michel Quoist, *Construir o homem e o mundo*, São Paulo, 1960, p. 98.

As lamentações

As lamentações são como o "estribilho" que pavimenta a vida de milhares de pessoas. Arruínam a sua vida com uma atitude mental que se resumiria numa frase: *"Não me conformo!"* "Não me conformo com essa injustiça, com esse fracasso, com essa doença, com esse acidente... Por que tinha de acontecer comigo? O que fiz para merecer semelhante castigo?" Em vez de empenharem toda a sua energia em reconstruir a sua vida, empenham-se na amarga luta de tentar desfazer o irreversível. E acabam por ancorar-se numa fixação psicológica "ruminante", em forma de rancor, revanchismo, inveja...

Vez por outra, vem à minha memória aquela consideração do prêmio Nobel Rabindranath Tagore, tão citada: "Se choras por teres perdido o sol, as lágrimas impedir-te-ão de ver as estrelas". Choram e lamentam-se: "Por que se abateu sobre mim aquela infidelidade que acabou com a minha vida? Por que fracassou aquele negócio em que apliquei todas as minhas poupanças? Por que esta doença que contraí...?" E não reparam nas estrelas do seu destino, que estão, em frase de Schiller, no fundo do seu peito: "Quanta experiência adquiri! Quantas coisas grandes ainda posso fazer! Quantas pessoas posso amar e tornar felizes...!"

Diante de uma grave injustiça que sofreu a minha família, e da qual dolorosamente me lamentava, o meu pai — ao passarmos por um paraplégico em cadeira de rodas — disse-me: "Temos que dar graças a Deus pelo que somos, antes de nos lamentarmos pelo que perdemos".

Não há coisa mais inútil e prejudicial do que o inconformismo. Não há coisa menos inteligente do que bater a cabeça contra um muro intransponível: o muro ficará incólume e a cabeça, quebrada. Não mudaremos o inevitável, antes mudaremos nós mesmos: converter-nos-emos em seres amargos. Perderemos o tempo, no louco paroxismo de "serrar serragem".

Diz-nos a sabedoria clássica, por boca de Epicteto: "Há um único caminho para a felicidade e esse caminho é deixarmos de preocupar-nos pelo que está fora do poder da nossa vontade". Eu diria algo mais cristão: "O único caminho da nossa felicidade está em aceitar e amar tudo o que a vontade de Deus permite".

Precisamos estar atentos às nossas atitudes interiores. Quando somos confrontados com contrariedades quotidianas, ou simplesmente com a carga do cansaço e da rotina, é necessário que evitemos esse protesto interior e esse desejo de que tudo mude. A sabedoria humana e cristã está em aceitar a vida tal como é. Esta atitude poupa muito da energia de que precisamos para enfrentar a realidade de cada momento.

Lembro-me de um momento duro da minha vida em que me foi diagnosticada uma doença grave que talvez me impedisse de terminar a tempo a minha tese de doutoramento, de receber a ordenação sacerdotal, ou, mais ainda, que pusesse em risco a minha vida. Enquanto o médico ia fazendo graves considerações ao examinar a radiografia, veio-me aos lábios — certamente como fruto dos muitos exemplos que tinha recebido — a oração do Pai-Nosso que repeti centenas de vezes: "Seja feita a vossa vontade". Isso foi-me devolvendo pouco a pouco a paz, uma paz que me permitiu terminar a minha tese na cama e que se tornou alegria exultante quando, poucos meses depois, completamente restabelecido, recebi a ordenação sacerdotal.

Foi uma lição de Deus. Aqueles oito meses em que fiquei praticamente sozinho, na montanha — apenas com uma velha e santa empregada da família —, ajudaram-me a "crescer para dentro". Esse foi o mais valioso "doutoramento" que consegui na vida.

Não podemos considerar perdido o tempo que o grão de trigo permanece oculto debaixo da neve durante o inverno, enquanto se opera nas suas células invisíveis uma morte transformadora. É durante a longa noite do inverno que o trigo cresce. Foi naqueles longos meses em que a doença demorava a ser debelada, que fui aprendendo a amar o silêncio e a solidão. O que me parecia uma enorme perda significou um riquíssimo lucro.

Todos nós, em qualquer situação em que nos encontremos, deveríamos meditar nos quarenta dias e quarenta noites que Moisés passou na montanha e Nosso Senhor no deserto, e nos três anos que São Paulo passou no deserto da Arábia, depois da sofrida e luminosa experiência de Damasco. E esse deserto pode ser tanto uma doença como a perda de um ser querido, um fracasso ou um período de depressão...

Só poderemos conseguir a *vida na paz* quando no mais profundo da alma soubermos dizer: "Senhor, não consigo enxergar qual seja o significado deste momento obscuro que atravesso, como uma pequena formiga não pode entender o porquê dessas manchas coloridas nos imensos afrescos da Capela Sistina... Mas sei que Tu tens um plano global a respeito de mim e do mundo e por isso quero dizer-Te agora e sempre: Senhor, Tu sabes mais; seja feita a tua vontade!"

Os remorsos

Quantos vivem sob o peso dos remorsos! Remorsos que também têm uma expressão característica: "*Não me perdoo*". "Não me perdoo ter cometido aquela infidelidade... Não me perdoo ter permitido que a minha filha namorasse aquele rapaz que lhe desgraçou a vida... Não me perdoo ter destruído a vida do meu filho ainda não nascido..."

Não percebem que essa recordação obsessiva do erro, do pecado cometido, esse voltar uma e outra vez a apalpar as bordas da ferida, é precisamente o que a impede de cicatrizar. Pensam talvez que isso constitui uma penitência redentora, quando a verdadeira redenção, foi Jesus Cristo que a fez, carregando na cruz todos os pecados dos homens. O que não pode a força do nosso remorso, pode-o a força do sangue redentor de Cristo.

Há uma variante dos remorsos que consiste em torturar-se querendo encontrar justificativas para os erros cometidos no passado. É como se se quisesse ter a tranquilidade de estar "quite": "Afinal, não fiz o que devia ter feito? Naquelas circunstâncias, podia ter procedido de outro modo?" Esmiúçam-se sempre de maneira obsessiva as atitudes que se tomaram: é como se se tivesse a vocação de *dissecador de cadáveres*.

Por quê? Porque não se aceita nada que desfeie a própria imagem. O orgulho impede de reconhecer com simplicidade, aberta e claramente: "Errei!" Dá tanta paz saber aceitar os erros próprios e, em sentido contrário, dá tanta inquietação andar procurando desculpas que camuflem os nossos desacertos...! É um *perfeccionismo que se paga caro*. E o seu preço é a incapacidade de dormir em paz.

Encontrei num livro de espiritualidade de um autor inglês uma frase que me comoveu. E copiei-a literalmente sem anotar a referência bibliográfica: *"A saint is a sinner who keeps on trying"* — "Um santo é um pecador que continua a esforçar-se". Como me consolou esse pensamento! Não se trata de justificar-se. Pedro negou Cristo, mas não se justificou: ante o olhar compassivo que o Senhor lhe lançou, apenas chorou. Chorou amargamente, diz o Evangelho, e o Senhor veio a confirmá-lo na sua missão de cabeça visível da Igreja que ia nascer.

Mas mesmo que não se trate de nenhum erro ou pecado, não se deve andar com escrúpulos sobre as decisões tomadas. Teriam sido as melhores? Schopenhauer, apesar da sua tendência para o pessimismo, dá-nos uma regra de vida altamente positiva:

"É preciso meditar maduramente e diversas vezes um projeto antes de transformá-lo em prática, e até mesmo, depois de tê-lo pesado cuidadosamente, ainda é preciso considerar a insuficiência de toda a ciência humana; à vista dos limites do nosso conhecimento, podem sempre subsistir circunstâncias que foi impossível examinar ou prever e que podem vir a adulterar o resultado de toda a nossa especulação...

"Porém, uma vez tomada a decisão e tendo posto mãos à obra, não devemos mais perder a paz, atormentar-nos com reflexões reiteradas sobre o que foi decidido e com inquietações sempre renovadas sobre o possível perigo: é preciso, pelo contrário, aliviar o espírito, fechar todas as comportas do pensamento e tranquilizar-se pela convicção de ter pesado tudo amadurecidamente a seu tempo. É o que aconselha também este provérbio italiano: *Legala bene e poi lasciala andare* — «coloca firmemente a sela do cavalo e depois deixa-o correr à vontade»"[2].

Percamos a "mania de remoer", de remexer nas decisões assumidas: "Será que agi corretamente? Não deveria ter tomado outra decisão?..." *Águas passadas não movem moinho*. Se tivermos ponderado bem, com isenção de ânimo, os motivos que nos levaram a agir, fiquemos em paz. A decisão foi concretizada. Poderia ter sido, talvez, melhor. Agora é irreversível. A minha experiência pessoal, comprovada também pelo testemunho ou pelo conselho de muitas outras pessoas de bom proceder, diz-me que uma decisão medíocre, mas executada com determinação e empenho, dá melhores resultados que uma decisão excelente executada de forma indecisa e medíocre.

2 Arthur Schopenhauer, *Regras de conduta para bem viver*, Rio de Janeiro, 1950, p. 133.

Lembro-me de ter lido de um Presidente norte--americano, bem avaliado no seu desempenho, que reconhecia que quarenta por cento das suas decisões não tinham sido as mais acertadas. Todo o mundo erra. Nós também. Não voltemos a vista atrás. Não temos "vocação de ruminantes". Outro provérbio, castelhano, diz: *"A lo hecho, pecho"*, "Ao que está feito, peito". Assuma! Vamos em frente! Não olhemos para trás para nos lamentarmos, que só perderemos forças e paz.

Mesmo que tenhamos cometido um pecado, remoê--lo seria somar-lhe outro com a poeira dos nossos escrúpulos, além de ser uma falta de confiança na misericórdia e no poder infinitos de Deus, que nos ama e nos quer dar sempre uma nova oportunidade. Quando somos tentados pelo desânimo com relação ao nosso passado e ao caminho que percorremos, temos de fazer um ato de fé e de esperança: "Eu te agradeço, meu Deus, por todo o meu passado. Creio firmemente que, de tudo o que vivi, Tu poderás tirar um bem. Desejo não ter nenhum remorso e decido, hoje, recomeçar do zero com a mesma confiança que teria se toda a minha história passada tivesse sido somente de fidelidade e santidade"[3]. Nada poderia agradar mais a Deus que esta atitude humilde.

Os ressentimentos

A palavra *ressentimento* significa "voltar a sentir". Trata-se de uma espécie de fita de *vídeo* das ofensas

3 Jacques Philippe, *A liberdade interior*, Edições Shalom, Fortaleza, 2004, pp. 83-84.

sofridas que passamos e voltamos a passar até sabermos de cor e salteado cada cena e cada circunstância. Quando o vídeo registra os felizes dias de um passado luminoso, é fonte de alegria e incentivo, mas quando tem um fundo de mágoa pelas humilhações e tratamentos injustos, entristece e deprime.

Entre os obstáculos que dificultam a realização do universal desejo de sermos felizes, o ressentimento costuma ser o principal para muita gente. Não é difícil encontrar pessoas que aparentemente reúnem todas as condições para serem felizes e que não o são por estarem dominadas por um ressentimento[4].

Para o filósofo alemão Max Scheler, "o ressentimento é uma autointoxicação psíquica"[5], isto é, um envenenamento do nosso interior, provocado por nós mesmos. E Marañón complementa: "A agressão fica presa no fundo da consciência, talvez desapercebida; ali dentro, incuba e fermenta a sua amargura; infiltra-se em todo o nosso ser, e acaba por ser a reitora da nossa conduta e das nossas menores reações. Este sentimento, que não se eliminou e que ficou incorporado à nossa alma, é o ressentimento"[6].

O que fazer para evitar essa intoxicação ou eliminar o veneno já ingerido? Primeiro, é preciso entender a sua natureza: de onde procede e de que modo atua no nosso interior.

---

4 Apoiamo-nos, a partir daqui, nas considerações feitas por Francisco Ugarte, "El veneno del resentimiento", *Istmo*, maio-junho de 2000, pp. 58ss.

5 Max Scheler, *El resentimiento en la moral*, Edit. Caparrós, Madri, 1993, p. 23.

6 Gregorio Marañon, *Tiberio. Historia de un resentimiento*, Espasa-Calpe, Madri, 1981, p. 26.

O ressentimento costuma originar-se a partir de uma ofensa ou agressão que fere o nosso eu. Evidentemente, nem toda a ofensa ou agressão produz um ressentimento, mas todo o ressentimento surge sempre precedido de uma ofensa.

Essa ofensa pode ser real ou objetiva, mas também pode ter sido aumentada por uma hipersensibilidade doentia: como a de quem se sente ofendido por um simples sorriso aparentemente irônico ou a de quem pensa que não lhe agradecem os seus serviços ou não lhe retribuem os favores prestados... A imaginação atua com frequência como ingrediente significativo: interpreta, por exemplo, uma frase desagradável como uma tentativa de difamação, ou um silêncio como um desprezo. Isto explica por que muitos ressentimentos são completamente gratuitos: resultam de uma apreciação subjetiva que se distancia da realidade, ao exagerar ou imaginar situações que, a bem dizer, não se produziram ou não estavam na intenção de ninguém.

Eis por que, muitas vezes, o ressentimento não está radicado na ofensa objetiva enquanto tal, mas sim na repercussão pessoal que provoca ou na resposta que lhe damos. E essa resposta depende de cada um de nós. Covey adverte: "Não é o que os outros fazem ou dizem o que mais nos prejudica; é a nossa resposta. Se perseguirmos a cobra venenosa que nos mordeu, a única coisa que conseguiremos será provocar que o veneno se estenda por todo o nosso corpo. É muito melhor tomar imediatamente o antídoto salvador"[7].

---

7 Stephen R. Covey, *Os sete hábitos das pessoas altamente eficazes*, Editora Best Seller, Rio de Janeiro, 1994, p. 105.

Esta alternativa apresenta-se em cada agressão: ou nos concentramos no agravo e em quem nos ofendeu, e então surgirá o veneno do ressentimento, ou eliminamos os seus efeitos com uma atitude adequada.

Isto explica que uma idêntica afronta sofrida por várias pessoas ao mesmo tempo com a mesma intensidade — os membros de uma família ou de uma organização que trabalha pelo bem comum, etc. — tenha um resultado diverso: em umas, causa um sentimento fugaz de dor, ao passo que, em outras, provoca um ressentimento inesquecível.

Esse ressentimento torna-se em nós uma autêntica *prisão*. Agrilhoa-nos a uma mágoa, a um rancor que rouba a liberdade. Ficamos, por assim dizer, presos a uma "dívida" que temos de cobrar a todo o custo. Parece que sentimos a necessidade de "acertar as contas", de fazer pagar ao outro o que nos deve. Quando não perdoamos, não é propriamente Deus que nos haja de castigar; somos nós que nos punimos a nós mesmos.

Com isto, enunciamos simplesmente um princípio inserido na própria natureza humana: aquele que se recusa a perdoar será, cedo ou tarde, vítima da sua falta de benignidade. O mal que fazemos ou desejamos aos outros acabará sempre por retornar a nós. Ao aprisionar o outro no âmbito do meu ressentimento, é a mim mesmo que me aprisiono em uma rede que acabará por sufocar-me. Se é verdade que, quando perdoamos alguém, fazemos um bem ao ofensor — "quitando-lhe" uma dívida —, fazemos um bem muito maior a nós mesmos: reencontramos a liberdade que o ressentimento ou o rancor nos tinham tirado.

A dificuldade em chegar a esse perdão consiste em que o ressentimento se situa no nível emocional da personalidade, porque essencialmente é uma paixão, um movimento que se experimenta sensivelmente. E é bem sabido que administrar os sentimentos próprios não é tarefa fácil.

Mas essa dificuldade não é insuperável, se temos o hábito de levar todas as coisas da nossa vida, especialmente as mais desagradáveis, à nossa meditação pessoal. O conhecimento próprio, que se amplia pela meditação periódica, permite-nos encontrar a relação que existe entre os nossos ressentimentos e as causas que os originam. Se, ao ponderarmos os agravos recebidos, fizermos um esforço por compreender os motivos da ação do ofensor e por descobrir as circunstâncias atenuantes do seu modo de proceder, a nossa reação negativa, em muitos casos, provavelmente desaparecerá ou ao menos se debilitará. Quando, por exemplo, um filho recebe uma repreensão de seu pai por se ter portado mal, se for capaz de entender a intenção do pai (que só procurava ajudá-lo mediante essa chamada de atenção), poderá até ficar agradecido. Se a esposa ponderasse a situação anímica do seu marido naquele dia em que teve um percalço no trabalho e em consequência uma atitude grosseira para com ela, talvez estivesse mais inclinada à desculpa que ao ressentimento.

Esta tarefa interior de reflexão encontra o seu clima mais adequado na oração, onde ponderamos todas as coisas na presença de Deus, especialmente quando sabemos confrontar a ofensa recebida com as afrontas sofridas por Nosso Senhor na sua ignominiosa Paixão e assimilamos a lição de um Deus infinitamente poderoso que, em vez de castigar os seus carrascos, lhes perdoa com o mais benigno perdão.

Na oração, solicitamos também do Senhor algo que nos custa muito conseguir com as nossas próprias forças: a *determinação* firme de, pelo menos, esquecer a agressão — se não conseguimos perdoá-la —, para que não se transforme em ressentimento.

Eleanor Roosevelt costumava dizer: "Ninguém pode ferir-te sem o teu consentimento"[8]. Isto significa que depende da nossa decisão que a ofensa produza ressentimento ou não. Gandhi, no mesmo sentido, afirmava ante as agressões e o maus-tratos dos inimigos: "Eles não podem tirar o nosso autorrespeito se este não depende da opinião que eles fazem de nós"[9]. E em sentido mais elevado São Francisco de Assis conservava sempre a calma perante as ofensas pensando: "*Eu sou o que sou diante de Deus e mais nada*"[10].

Certamente não se trata de algo fácil: é necessária uma grande fortaleza de caráter para orientar as reações nessa direção. Marañón advertia: "O homem forte reage com energia diante da agressão e expulsa automaticamente o agravo da sua consciência,

---

8 Citado por Francisco Ugarte, "El veneno del resentimiento".

9 *Ibid.*

10 São Francisco de Assis, *Admonitiones* (exortações), em K. Esser (edit.), *Opuscula*, 20; São Boaventura, *Leyenda mayor de San Francisco*, VI, 1.

como um corpo estranho. Esta elasticidade salvadora não existe no ressentido"[11]. Com efeito, semelhante elasticidade e semelhante força não são virtudes comuns. Poucas pessoas as possuem. Esta é a razão por que cumpre esforçar-se denodadamente por consegui-las e, ao mesmo tempo, invocar a ajuda do Senhor.

Temos, pois, que libertar-nos dos nossos ressentimentos; caso contrário, isso que passou tomará conta do nosso presente e acabará por obscurecer as perspectivas do nosso futuro.

O futuro

Se o passado está presente em forma de lamentações, remorsos ou ressentimentos, o futuro também se torna presente não só em forma de projetos, motivações, mas também de temores e apreensões...

Com muita frequência, parece que vivemos amedrontados por algo que nos pode acontecer, por algo que está escondido no nosso coração em forma de presságio...: o receio de uma doença, o medo de fracassar no trabalho, nos estudos, na vida matrimonial, de perder a pessoa que amamos ou de não encontrar um verdadeiro amor, de não ter a aceitação, a popularidade ou o êxito que desejaríamos, o temor de ficarmos parados numa via morta, de "marcar o passo" numa vida monótona sem horizontes, de ser abandonados, de envelhecer, de morrer...

---

11 Gregorio Marañon, G., *Tiberio. Historia de un resentimiento*, p. 26.

"As preocupações, dizia o escritor alemão Wasserman, são a grande epidemia do século XX"[12]. E essa advertência não deveria ser tomada apenas em sentido figurado, mas real. A epidemia é algo que se propaga, que se contagia e se experimenta não apenas na alma, mas também no corpo. Um famoso cirurgião norte-americano, George Crile, afirma que "sentimos as preocupações e temores nas nossas vísceras, no cérebro e no coração, e não apenas no nosso espírito; qualquer que seja a causa do temor e das preocupações, o certo é que se podem notar os seus efeitos nas células, nos tecidos e nos órgãos do corpo"[13].

O medo do futuro, além disso, bloqueia os pensamentos e a ação. São neste sentido muito claras as palavras de Georges Chevrot: "Além de inútil, o medo do futuro é desmoralizante. A linguagem corrente recorre a uma imagem tristemente exata quando fala de um homem *corroído* pela inquietação. A inquietação "corrói", na realidade é deprimente. Não elimina a desgraça que se receia; antecipa-a; aumenta as dificuldades; concentra todas as razões para desesperar..."[14]

E esse medo do dia de amanhã não diminui apenas o valor do indivíduo; é em grande medida antissocial. Semeia o pânico, obriga os bancos a fechar...

---

12 Jakob Wasserman, *Etzel Andergast*, Santiago Rueda Editor, Buenos Aires, 1946, p. 367

13 Cit. em Norman Peale, *O poder do pensamento positivo*, Cultrix, São Paulo, 1975, p. 127.

14 Georges Chevrot, *Em segredo*, Quadrante, São Paulo, 1991, p. 162.

Se alguém grita no meio de uma sessão de cinema: "Fogo!", o pavor provoca uma tal correria à procura da saída que morrem mais pessoas espezinhadas pelo tumulto do que eventualmente poderiam morrer queimadas pelo fogo.

O homem deste início de milênio, que quer dominar o universo das galáxias, não consegue dominar o seu medo, a sua angústia: "Alguma coisa vai acontecer comigo!" E chora, sem lágrimas, na solidão do seu desamparo, como uma criança perdida na multidão. Lembro-me de que, quando era criança, um dia, no meio do tumulto de uma grande cidade, me perdi da minha mãe, que me acompanhava. Foram momentos pavorosos. Tinha vontade de chorar, mas não conseguia: o medo bloqueava as minhas lágrimas. Quando a minha mãe, assustada, me encontrou, abracei-a apertadamente e não a queria largar.

A nossa fraqueza precisa do amparo afetuoso da mãe e do pai. Inezita Barroso, numa música do folclore brasileiro, cantava: "Um homem sem Deus é como um filho sem pai, como um faminto sem pão, como um morro sem batucada".

A tristeza de um morro sem batucada, a ansiedade de uma criança órfã, perdida na vida, podem ser uma imagem gráfica do homem do nosso tempo. Já referi em algum outro lugar que a investigação fenomenológica atual foi, pouco a pouco, pondo de manifesto que o medo do futuro aparece onde falta o sentimento ou a vivência daquilo que os alemães chamam *Geborgenheit* e que se pode traduzir por "amparo afetivo". A sua expressão mais característica, mais genuína, é a do *amor paterno e materno*[15]. Mas o pai e a mãe, que nos deram a vida e nos protegem no ambiente familiar, não têm o poder de libertar-nos dos perigos que nos rodeiam num universo frequentemente agressivo e egoísta. Para que esse "amparo afetivo" nos cubra como uma grande cúpula protetora, tem que ser tão amplo que abranja as circunstâncias aleatórias e os eventos cósmicos. E isso, só Deus o pode proporcionar.

Deus é Pai. É a origem e o esteio da nossa existência: *Nele vivemos, nos movemos e somos!* (At 17, 28). Um verdadeiro cristão vive no regaço de Deus — que é para ele "papai" e "mamãe" —, sente-se carinhosamente protegido, seguro, como um "bebê" no colo da mãe. Entende muito bem aquelas palavras do Senhor: *Pode a mulher esquecer-se daquele que amamenta, não ter ternura pelo filho das suas entranhas? Contudo, mesmo que ela venha a esquecer, Eu não me esquecerei de ti* (Is 49, 15). E a realidade que estas palavras encerram comunicam-lhe uma segurança que dissipa todos os medos e ansiedades. Nenhuma criança sente temor nos braços do pai ou da mãe.

Deus, sem dúvida, tem uma realidade objetiva, mas tem também uma ressonância subjetiva muito profunda. Quando se acredita que Ele é Pai, um Pai amoroso que nos ama muito mais do que nos podem amar todos os pais e todas as mães do mundo juntos, sentimos realmente um sentimento íntimo de "amparo materno e paterno" de dimensões universais.

15 Cf. Juan Batista Torelló, *Psicologia aberta*, Quadrante, São Paulo, 2022.

Quando a fé passa da cabeça para o coração, da *psique* para o *soma*, o corpo e a alma experimentam uma paz que ultrapassa todo o entendimento humano. Quando a palavra do Senhor que nos diz: *No mundo haveis de ter tribulações, mas confiai: Eu venci o mundo* (Jo 16, 33), penetra a fundo na nossa vida, invade-nos como que uma segurança inabalável, mudam as perspectivas da alma e também — por que não? — a química do corpo: sentimos uma serenidade que não se consegue alcançar nem com filosofias de "pensamento positivo" nem com os "fármacos" da última geração.

A ansiedade, sem dúvida, pode ter um fundo biológico — e nesse caso é necessário ir ao médico —, mas a maior parte das vezes é consequência de uma falta de fé profunda. Há muitos cristãos angustiados porque há muitos cristãos mornos, tíbios. Na realidade, há uma relação inversamente proporcional entre a fé e a ansiedade: quanto mais ansiedade, menos fé; quanto mais fé, menos ansiedade.

É uma insensatez sobrecarregar o nosso espírito com a perspectiva de problemas e de dificuldades futuras, talvez vistas através das lentes de aumento da imaginação. A realidade na vida concreta, como insistiremos daqui a pouco, está feita de um ato e depois de outro, de um dever que se cumpre, de uma cruz que se abraça, de uma tristeza que se aceita, de uma alegria que se agradece..., a cada instante, em cada momento. Viver em plenitude cada minuto, colocar nele todo o nosso ânimo e toda a nossa vibração, como se esse minuto fosse uma eternidade, é o que nos quer dizer o Senhor quando nos aconselha categoricamente: *Não vos preocupeis com o dia de amanhã* (Mt 6, 34).

Etty Hillesum, uma jovem judia morta em Auschwitz, o campo de concentração nazista mais tenebroso, escreve no seu diário umas palavras que nos deveriam fazer pensar: "É preciso guardar-se de pendurar no dia presente as angústias que nos inspira o futuro"[16]. Essa jovem, não batizada, mas de sentimentos profundamente cristãos, sentia-se profundamente feliz no meio de uma situação humanamente insuportável: confiava a Deus o seu futuro. Escreve no seu diário: "Quando projetamos por antecipação as nossas inquietações sobre o futuro, impedimos que as coisas se desenvolvam normalmente. Tenho em mim uma imensa confiança: aceitar a vida é aceitá-la como boa mesmo nos piores momentos"[17].

Há pessoas a quem — em sentido contrário — as apreensões do futuro estragam as alegrias do presente. Sofrem antecipadamente. Sofrem desnecessariamente. Mark Twain declarava, na sua velhice, que noventa por cento dos seus presságios agourentos, que tanto lhe tinham amargurado a vida, nunca se realizaram: "Sofri à toa", confessava com um sorriso irônico.

Ao longo da nossa vida, já se terão aproximado de nós amigos, parentes, conhecidos, para nos confidenciarem os seus temores. Um deles, num momento de intimidade, terá comentado: "Quando me sinto feliz,

16 Etty Hillesum, cit. por Jacques Philippe, *A liberdade interior*, p. 86.

17 *Ibid.*, p. 169.

parece que uma sombra se aproxima de mim com esta ameaça: «Isto vai terminar logo...»" Aquele colega de trabalho vem dizer-nos: "Você não reparou como o diretor anda olhando para mim? Cada vez fico mais convencido de que vou ser posto no olho da rua..." O padrão mental dessas pessoas é a expectativa do pior; acrescentaram, às sublimes bem-aventuranças evangélicas, uma inventada pelo seu pessimismo: "Bem-aventurados os que não esperam porque não se desesperarão".

Em contrapartida, que paz nos dá sentir antecipadamente, hoje e agora, a vibração de uma felicidade eterna, que não sofrerá mudanças e alterações... É a paz inalterável de Deus.

"Por teres o olhar cravado em Deus, sabes manter-te sereno ante as preocupações"[18]. A serenidade e a paz são consequência de estarmos encravados em Deus. Por quê? Porque Deus — por assim dizer — não se perturba, nunca perde a serenidade. Vive fora das inquietações do futuro, da insegurança do perecível, das agitações do transitório, das surpresas dos imprevistos, dos impactos das contrariedades. Está para além do tempo e do espaço. Por isso, como são verdadeiras estas palavras de *Forja* !: "Se tiveres presença de Deus, por cima da tempestade que ensurdece, brilhará o sol no teu olhar; e, por baixo das ondas tumultuosas e devastadoras, reinarão na tua alma a calma e a serenidade"[19].

---

18 São Josemaria Escrivá, *Sulco*, Quadrante, São Paulo, 2023, n. 856.

19 *Idem*, *Forja*, Quadrante, São Paulo, 2023, n. 343.

Se nos situarmos habitualmente sob o olhar de Deus, nas suas mãos, hão de parecer-nos tragicamente tolas as nossas preocupações com o futuro.

O presente

Livres das frustrações decepcionantes do passado e dos presságios e apreensões inquietantes do futuro, estamos chamados a viver o presente, o hoje e o agora, com plenitude de alegria. O Evangelho sai ao nosso encontro para nos dizer, suavemente, como acabamos de anotar: *Não vos preocupeis com o dia de amanhã, o dia de amanhã terá as suas próprias preocupações. Basta a cada dia o seu cuidado* (Mt 6, 34).

Basta a cada dia o seu cuidado! Viver o dia de hoje com plenitude de alegria: este é o segredo da nossa felicidade. O melhor momento da nossa vida é este que estamos vivendo agora. Saibamos fazer nossa a música do Gonzaguinha:

Viver é não ter a vergonha de ser feliz.
Cantar e cantar e cantar...
a beleza de ser um eterno aprendiz.
Ai, meu Deus, eu sei que a vida devia
ser bem melhor, e será,
mas isso não impede que eu repita:
é bonita, é bonita, é bonita.

Como consegui-lo? Diz Jacques Philippe: "Para que a vida se torne suportável, é fundamental exercitar-se em levar somente a dificuldade de cada dia, entregando o passado à Misericórdia divina e o futuro à sua Providência"[20].

É verdade que, na vida de cada dia, somos pressionados, bombardeados por problemas, contrariedades, acontecimentos fortuitos, circunstâncias que nos obrigam a determinadas soluções às vezes constrangedoras e aflitivas... Notícias inesperadas, uma doença própria ou alheia que nos surpreende, a morte de um ser querido, um conflito conjugal, um filho em situação difícil, a eventualidade do desemprego, o temperamento dos que nos rodeiam, o cansaço e a monotonia da vida que, subitamente, se apresenta como insustentável... O elenco pode ser estendido de forma ilimitada.

Qual é a atitude que assumimos em face dessas circunstâncias? São Paulo é conclusivo: *Em todas as coisas padecemos tribulação, mas não nos angustiamos* (2 Cor 4, 8). O Apóstolo distingue: uma coisa é sofrer, outra diferente é angustiar-se.

As atitudes são mais importantes que as coisas que nos sucedem. Montaigne sentencia: "O homem não é atingido pelo que acontece, mas pela sua atitude a respeito do que acontece". É extraordinariamente justa esta apreciação. A importância dos acontecimentos depende, em grande parte, da atitude subjetiva de quem as sofre: um evento considerado terrível pode ser assumido com notável serenidade; uma bagatela pode ser elevada a tragédia grega.

---

20 Jacques Philippe, *A liberdade interior*, p. 82.

John Milton, o célebre autor de *O Paraíso perdido*, depois de ficar cego, escreveu: "Ninguém é miserável por ficar cego; é miserável quando não é capaz de enfrentar serenamente a cegueira".

Viver dia a dia, minuto a minuto, é a chave que abre as portas da paz. "Viver plenamente o momento presente — diz Chiara Lubich — é o pequeno segredo com o qual se constrói, tijolo a tijolo, a cidade de Deus em nós"[21]. Viver o momento presente significa abraçá-lo decididamente para santificá-lo. Esse momento presente é o grande "presente" que Deus nos dá de graça a toda a hora. Deus é quem nos dirige. Tornemo-nos crianças (cf. Mt 18, 13). A criança não se angustia com o futuro, confia tudo à sua mãe e ao seu pai, porque sabe que, sob os seus cuidados, estará sempre segura. Deixa-se levar pela mão: *Tomaste-me, Senhor, pela mão direita e conduziste-me conforme a tua vontade* (Sal 72, 23-24). É preciso aprender a viver cada instante com essa tranquilidade da criança, acolhendo tudo o que nos é dado, momento após momento.

É no dia de *hoje*, neste instante, que a minha vida cobra valor de plenitude. É neste momento presente que Deus me dá a possibilidade de aproveitar a bagagem do passado — a experiência que dá a ciência da vida — e projetá-la no futuro.

Deus só nos pede uma coisa de cada vez. Nunca duas. A escada da perfeição só tem, na realidade, um degrau: aquele que subo *hoje*. Santa Teresinha

---

21 Chiara Lubich, *Meditações*, 12ª. ed., Cidade Nova, São Paulo, 2005, p. 61.

exclama: "Para amar-te, ó Jesus, tenho apenas o dia de *hoje*"[22]. Muito doente, ainda escreve: "Eu só sofro *um instante*. O desencorajamento e o desespero vêm de pensarmos no passado e no futuro"[23].

Não se pode sofrer, de um golpe, a vida inteira no seu conjunto. Pode-se sofrer apenas um instante após o outro. Ninguém tem a capacidade de sofrer num momento a dor que se sofreria durante vinte anos, mas tem a graça de poder suportar a dor de cada instante. O que nos esmaga é sofrer antes do tempo as tribulações que imaginamos vir a ter no futuro.

Com muita acuidade, escreve Jacques Philippe: "*O verdadeiro mal não é tanto o sofrimento, mas o medo dele*. Se nós o acolhemos na confiança e na paz, o sofrimento faz-nos crescer, educa-nos, purifica-nos, ensina-nos a amar de forma desinteressada, faz-nos pobres, humildes, doces e compassivos para com o próximo. O medo do sofrimento, pelo contrário, endurece-nos, enrijece-nos em atitudes irracionais cujas consequências são nefastas: «Os piores sofrimentos do homem são aqueles dos quais ele tem medo», diz Etty Hillesum"[24]. O sofrimento que nos faz mal não é o sofrimento vivido, mas aquele que é *representado*, aquele que invade a imaginação e nos leva a atitudes inadequadas[25].

---

22 Santa Teresa do Menino Jesus, Poesia PN5, cit. por Jacques Philippe, *A liberdade interior*, pp. 80-81.

23 *Idem*, Caderno Amarelo, 19 de agosto, cit. por Jacques Philippe, *A liberdade interior*, p. 81.

24 *Ibid.*, p. 230.

25 *Ibid.*, p. 40.

Hoje, Deus fala-me. Tenho que escutar a sua voz. De ouvi-la e segui-la depende a realização da minha vida. Mas para escutá-la é preciso silenciar outras vozes. Santa Teresa recebia com frequência locuções de Deus: Deus falava-lhe interiormente. E as suas palavras transformavam-na por completo. Um dia, disse ela a Nosso Senhor: "Senhor, se estas tuas palavras me elevam tanto, por que não falas assim a todos?" E Ele respondeu: "Teresa, eu falo, mas as pessoas não me escutam porque o mundo faz muito barulho dentro delas". Qual é o mundo que faz barulho nos nossos ouvidos e nos impede de ouvir a voz de Deus? O mundo da atividade desbocada, dos apelos agitados do dinheiro, do prazer, da busca de poder. O mundo do nosso egoísmo introspectivo... E também o barulho físico da televisão, do rádio, da música atordoante... Das coisas inúteis e superficiais que povoam o nosso pequeno mundo.

É preciso fazer silêncio no nosso interior. O silêncio traz-nos a possibilidade de ouvir a voz de Deus no fundo do coração. É ainda Santa Teresinha que nos diz: "Compreendo, por experiência, que o Reino de Deus está dentro de nós. Jesus não tem necessidade de livros nem de doutores para instruir as almas; Ele, doutor dos doutores, ensinava *sem ruído de palavras*. Jamais o ouvi falar, mas sei que está em mim. A cada instante guia-me e inspira-me; percebo luzes até então desconhecidas no preciso momento em que tenho necessidade delas. Não é o mais frequente que se ofereçam aos meus olhos nas horas de oração, mas no meio das ocupações da jornada"[26].

Eis o que escreve a sabedoria de Santo Anselmo no seu *Proslogion*: "Vamos, coragem, homenzinho! — "homúnculo", diz o texto original em latim —, homem pequeno, raquítico, mirrado... Foge um pouco das tuas ocupações. Esconde-te um instante do tumulto dos teus pensamentos. Põe de parte os cuidados que te absorvem e livra-te das preocupações que te afligem. Dá um pouco de tempo a Deus e repousa nEle"[27]. Repousa na paz de Deus. Não corras atrás de um futuro ansioso e fugidio. Descansa sereno no momento presente, no regaço de Deus.

Saber parar. Deixar que, no silêncio, a alma encontre o seu clima de paz. Permitir-lhe ouvir a canção interior. O silêncio, que grande dom! Silêncio por dentro — apagando a televisão da curiosidade, dos devaneios loucos... — e por fora, desligando o rádio da tagarelice, da conversa fútil...

Há uma tendência a rodear-se continuamente de palavras, de notícias chamativas, de imagens atrativas, de músicas empolgantes... no recesso da família, na sala de estar, nas refeições, no carro... Há gente que, mal acorda, liga o rádio ou a televisão. Parece-lhes que o silêncio é o vácuo, a carência, a negação, a ausência. Não sabem auscultar o coração. Pensar. Contemplar. Escutar a melodia da alma...

---

26 Santa Teresa de Lisieux, *História de uma alma*, man. A, fol. 83v, ed. crítica de Conrad de Meester, Paulinas, São Paulo, 2008.

27 Santo Anselmo, *Proslogion*, em *Obras completas de San Anselmo*, BAC, Madri, 1952-3, p. 197.

A maioria das pessoas vive do sensível, do que atrai. Parecem um beija-flor, que não para. Assim nunca ganharão a perspectiva necessária para encarar adequadamente o momento presente. Não sabem aprofundar. Perderam o pulso interior, a capacidade de dar peso e medida a tudo... São esses "homúnculos" de que fala Santo Anselmo — homenzinhos superficiais, marionetes dançarinas, bonecas deslumbradas pelo sucesso. Só têm dimensões horizontais. Falta-lhes altura, categoria humana. Dão pena.

Silêncio. O livro que desperta uma lembrança e deixa desfilar na memória, serenamente, as gratas recordações da nossa vida... A caminhada no campo, na montanha que abre a janela de uma paisagem ampla, de um mar infinito. E paramos. Para que ir adiante? Dá tanta paz contemplar! Deixar que os minutos, um a um, vão escoando pausadamente, como os grãos pela ampulheta do tempo, sem agitação... Assim vão fluindo os sentimentos do coração que trazem as longas evocações do passado e os sonhos motivadores do futuro, através do diminuto espaço do momento presente.

Tudo isto apodera-se de nós. Impregna e dilata mansamente o nosso ser. E traz algo da infinita e inefável eternidade de Deus, da sua Beleza inigualável. Será que essa experiência vivida em plenitude não representará como que um antecipado sabor de céu? E se assim é, por que não projetá-la na azáfama do nosso dia, como uma música de fundo que nem o muito trabalho nem os muitos problemas impedem de ouvir?

Deveríamos saber formular com frequência uma oração como esta:

> "Ensina-me, Senhor, a amar este minuto que estou vivendo agora, este dia de hoje que é o único que possuo; a entregar-me a ele sem pensar naquele que passou e naquele que há de vir. Senhor, ajuda-me a superar qualquer inquietação com o dia de amanhã, sem esquecer que *basta a cada dia o seu cuidado* (Mt 6, 34). Mostra-me como viver tranquilo sem ansiedade, sem essa preocupação pelo que futuramente possa acontecer... Que eu saiba aprender essa lição evangélica que me convida a confiar na Divina Providência, reparando no cuidado com que o meu Pai vela pelos passarinhos do céu e pelos lírios do campo...
>
> "Ensina-me, Senhor, a amar este minuto que estou vivendo agora, este dia de hoje que é o único que possuo; a entregar-me a ele sem pensar naquele que passou e naquele que há de vir.
>
> "Ensina-me a consagrar-me ao instante presente como se fosse o objetivo primordial e exclusivo da minha vida; a amar cada hora, humildemente, sem pausa e sem pressa, saboreando plenamente todo o seu conteúdo e toda a sua riqueza.
>
> "Ensina-me, Senhor, a inserir em cada tarefa, por insignificante que seja, a totalidade do meu ser como se estivesse fazendo uma obra de arte exclusivamente para agradar-Te, engrandecer a Tua glória e cantar ao Teu louvor"[28].

Ensina-me *a viver a cada minuto com vibração de eternidade*, a fazer o que devo e estar plenamente

---

28 Cf. Ângelo Caldas, *Em conversa com Deus*, Quadrante, São Paulo, 1989, pp. 27-28.

no que faço por amor, para que também, no último minuto da minha vida, possa exclamar, impregnado da Tua paz: *Senhor, nas tuas mãos entrego o meu espírito* (Lc 23, 46).

AS FONTES DA PAZ

Consideremos agora as fontes que alimentam e enriquecem uma vida permeada por essa paz que ultrapassa todo o entendimento humano. Teremos de reiterar algumas ideias, mas esperamos que, com essa repetição, fiquem mais claras e profundas.

Fé viva

A paz, a paz estável e duradoura, é uma consequência do abandono nas mãos de Deus e este pressupõe necessariamente uma fé viva.

O Senhor diz-nos: *"Deixo-vos a paz. Dou-vos a minha paz"* (Jo 14, 27). *"No mundo haveis de ter aflições, mas confiai, eu venci o mundo"* (Jo 16, 33). Essa paz de Deus, *que ultrapassa todo o conhecimento* (Fl 4, 7), deriva de sabermos, como já vimos atrás tantas vezes, que estamos nas mãos de um Deus que nos ama com ternura. O nosso Pai-Deus cuida de nós muito mais do que de um pardalzinho; ama-nos com mais ternura do que todas as mães e pais do mundo juntos podem amar os seus filhos... Por isso podemos dizer que a nossa confiança, a nossa paz e serenidade são uma consequência necessária da nossa fé.

Ora a fé, que é uma adesão do entendimento às verdades reveladas por Deus, quando é viva, passa do cérebro para toda a existência, impregna aos poucos todo o nosso ser, os pensamentos, as disposições interiores, a vontade e as ações, os afetos e demais inclinações do coração.

E aqui pode estar precisamente a raiz dos nossos desassossegos. Temos fé, mas não a suficiente para que passe de uma convicção — que se guarda fiel e respeitosamente, como se guardam outras ideias ou coisas valiosas, mas sem aplicação prática — para o mundo do nosso acontecer diário: não penetrou nas nossas vísceras, não se instalou nas glândulas que provocam a ansiedade ou destilam a "adrenalina", não se infiltrou nos centros neurológicos que são caldo de cultura da depressão. É por isso que nos preocupamos e perdemos a paz.

Há sintomas de doença... O médico pede uma bateria de exames... E o temor já começa a invadir o mais íntimo do nosso ser... Perdemos a tranquilidade! A imaginação dispara... Como vai ser? Tenho uma doença grave? Terei que ser operado...? A preocupação insistente e pegajosa arraiga-se cada vez mais em nós; não nos solta.

E isso que nos afeta por causa de um assunto qualquer como a doença, estende-se também a muitos outros casos similares: a uma situação sentimental, econômica ou profissional, a um conflito conjugal, a um problema com os filhos... E abrange o universo das pessoas que nos são caras: os familiares, os amigos, todas as pessoas que amamos: o que as atinge também nos atinge a nós... E eis-nos metidos num processo de ansiedade, de medo...

Que fazer? Aumentar a nossa fé! É evidente...! Mas geralmente não o conseguimos... Como gostaríamos de ter a fé gigante que fazia os santos *transportar montanhas*, suportar os maiores contratempos e oposições, os maiores aparentes fracassos, enfim, caminhar para o martírio alegres por irem ao encontro eterno com o Pai! Como gostaríamos de poder exclamar, ao aproximar-se o momento desse abraço definitivo com Ele: *Alegrei-me quando me disseram: Vamos à casa do Senhor...!* (cf. Sl 122, 1) Gostaríamos, sim — e muito! —, mas não o conseguimos! Que fazer?

Devemos ficar tranquilos.

Talvez tenhamos mantido durante anos uma fé de "manutenção", uma vida espiritual que "dava para o gasto", para solucionar os assuntos corriqueiros, e, de repente, aparece um problema maior, um baque mais forte... E afundamo-nos. Não conseguimos apreender a lição que o Senhor nos quer dar através dessa circunstância dolorosa e conflitiva. Não conseguimos escutar essa voz interior que porventura nos diz: "Parece que só queres ter fé para solucionar as tuas dificuldades momentâneas e não para viver habitualmente como um bom filho... Parece que só procuras a Deus na hora do «aperto», para que se acalmem as tuas mágoas..., tal como o filho que só trata com carinho o pai quando quer conseguir dele um favor, um «dinheirinho»..."

Mesmo assim, fiquemos tranquilos. Não nos inquietemos. O nosso Pai entende muito bem a nossa aflição e deseja também ajudar-nos nessa hora, se nos dirigimos a Ele com uma oração que imita o pedido de um filho pequeno: "*Abba*, Pai, papai... Sei que a minha atitude é interesseira, mas estou sofrendo... Sei que só Te procurei para conseguir a tua ajuda... Sei que não a mereço, mas sou fraco e sou teu filho! Não o esqueças!... Sou teu filho! Ajuda-me! Já que a minha fé é menor que um grão de mostarda, aumenta-me essa fé; dá-me a esperança de que preciso... Arranca de mim esta ansiedade, este pessimismo que me atormenta...!"

Os Apóstolos, quando o Senhor lhes dizia: *Tudo é possível para quem crê* (Mc 10, 27), ao sentirem-se — pobres deles! — tão fracos na fé, suplicavam-lhe: *Aumenta-nos a fé* (Lc 17, 5). Façamos nós o mesmo. Digamos-lhe muitas vezes: "Aumenta-me a fé, a esperança, a confiança, a serenidade...! Estou inquieto, preocupado... Permite-me ficar tranquilo, sossegado, como uma criança no colo do pai ou da mãe...!"

E o Pai não pode deixar de escutar-nos e atender-nos do melhor modo para nós. Ele nunca nos esquece! E por meio dessa situação que nos aflige, quer atrair-nos a um grau superior de fé.

Muitas pessoas, ao meu lado, ensinaram-me essa verdade de forma comovente. Quero evocar agora apenas o exemplo de um amigo e confidente.

Começou lá pelos anos sessenta a frequentar em São Paulo um centro do Opus Dei, quando era estudante do secundário. Procurava-me todas as semanas para tratar da sua vida espiritual. Entrou na Faculdade de Medicina. Começou a namorar uma moça incomparável. Quando, em 1974, São Josemaria Escrivá, o fundador do Opus Dei, esteve em São Paulo, no auditório do Anhembi, ele, de braço dado com a noiva, perguntou-lhe diante de duas mil pessoas, sem se constranger: — "Padre, que nos diz a nós, noivos?" E mons. Escrivá respondeu-lhe com um largo sorriso nos lábios: — "Que abençoo esse amor humano com as duas mãos. E por que com as duas mãos? Porque não tenho quatro", acrescentou, brincando.

Esse amor, abençoado de forma tão alegre e esplêndida, concretizou-se num casamento enriquecido por vários filhos.

Um dia, em plena força da idade, esse médico começou a sofrer de um câncer muito doloroso, mas recebido com extraordinária paz e serenidade, tanto por ele como pela esposa. Depois de várias operações no país, como último recurso, foi novamente operado nos Estados Unidos, mas a operação pouco adiantou, e algum tempo depois entrou em coma.

Inesperadamente, recuperou a consciência. Telefonou à esposa, que estava para dar à luz, e disse-lhe: — "Quero que você batize o nosso filho com o nome de José, simplesmente José". — "Mas, disse a esposa, não há ninguém com esse nome na família. E só José não fica bem". Ele insistiu: — "Eu vou morrer. Quem vai cuidar da família? Vai ser São José. Quando eu não estiver presente, o menino lembrar-se-á da presença de São José entre vocês". E entrou novamente em coma.

Isso foi no dia 17 de março. O médico avisou a esposa de que o paciente não viveria mais do que duas horas, mas ela respondeu-lhe que não seria assim.

"Por quê?" — perguntou-lhe o médico. — "Porque ele é tão devoto de São José que falecerá no dia 19, dia da festa do santo". E assim aconteceu.

A história da Igreja está construída com milhares de acontecimentos como este. Algo que parecia trágico converteu-se, pela fé de um pai, num gesto heroico que devolveu a uma família, com a presença de São José, a serenidade e a paz que ele vivia tão sobrenaturalmente.

Vida de fé

Essa fé que desperta ou se aviva nos momentos de crise pode e deve ser o caminho para uma *vida de fé*.

Quem vive da fé situa-se numa ordem diferente de valores. Torna-se uma nova pessoa: é como se, no dizer do Evangelho, *nascesse de novo* (cf. Jo 3, 7). Não enxerga as coisas como se utilizasse uma lente de aumento, mas como se experimentasse a implantação de um novo sistema ocular: uma nova escala de valores, outra perspectiva vital.

As suas *evidências* são diferentes. Não para na evidência das coisas naturais. O que há de mais evidente para um pescador do que os perigos de um mar tempestuoso, violentamente agitado? O que há de mais evidente para ele do que a impossibilidade de caminhar sobre as águas? Os discípulos viram o Senhor caminhando sobre as águas encapeladas e *assustaram-se pensando que era um fantasma. E com medo começaram a gritar. Mas Jesus falou-lhes imediatamente: Tende confiança, sou eu, não temais* (Mt 14, 26).

A falta de confiança e o medo derivam, em última análise, de uma fé que não se fez vida. Assim o vemos claramente plasmado no comportamento de Pedro nesse mesmo episódio: *"Senhor, se és Tu, manda-me ir sobre as águas até junto de Ti". Ele disse-lhe: "Vem". Pedro saiu da barca e caminhava sobre as águas ao encontro de Jesus. Mas redobrando a violência do vento, teve medo, e, começando a afundar, gritou: "Senhor, salva-me!" No mesmo instante, Jesus, estendeu-lhe a mão, segurou-o e disse-lhe: "Homem de pouca fé, por que duvidaste?"* (Mt 14, 28-31). Enquanto Pedro teve fé, estava confiante de que nada lhe podia acontecer e caminhou sobre as águas com coragem, como se não se tratasse de mais do que uma simples caminhada em terra firme; quando, porém, começou a duvidar, perdeu toda a coragem e encheu-se de medo do mar, que afinal não tinha perdido a sua capacidade normal de tragá-lo.

Quando a nossa fé é firme, quando é por ela que vivemos, o mar é como uma rocha; quando duvidamos, torna-se um mortal sumidouro.

Em que caso estamos? *Vivemos* da fé ou simplesmente *temos* fé? Uma fé a maioria das vezes herdada, mas jamais aprofundada, fortalecida, fecunda em atitudes e critérios de conduta? Uma fé que realmente nos *sustente* em todos os momentos da vida, ensinando-nos por assim dizer a "boiar em Deus"?

Lembro-me de que, quando eu era criança, o meu pai, para ensinar-me a nadar, queria que eu começasse a boiar. Dizia-me: "Fique de costas, ponha a cabeça para trás, estenda as mãos como se fosse abraçar o mar, estique bem as pernas. Agora relaxe, que o mar o sustentará".

Eu fazia isso e afundava-me, engolia água e ficava assustado.

— "Mas, pai, que brincadeira é esta? Quer que eu me afogue?"

— "Não, meu filho, não; o que quero é que você aprenda a nadar".

— "Mas então por que me afundo?"

— "Afunda-se porque está tenso".

E acrescentou: "Vamos fazer uma nova tentativa: eu fico amparando-o com as minhas mãos". E assim fez: "Relaxe, relaxe, relaxe — dizia-me —; confie, confie, confie. Eu vou tirar uma mão. Vê que não se afunda? Vou tirar a outra. Repara que agora é o mar que o sustenta? Estou aqui por perto. Confie..."

Foi assim que aprendi a boiar. Boiava suavemente, repousadamente, olhando para o céu tempos e tempos. Mais ainda, foi assim que pouco a pouco me tornei um razoável nadador, como meu pai me assegurava.

Nós afundamo-nos porque não confiamos, porque estamos *tensos*. Você já experimentou "boiar" em Deus?; abandonar-se em Deus?; confiar em Deus ilimitadamente?

"Relaxe, relaxe, relaxe... Confie, confie, confie..." É o que agora nos diz o nosso Pai do Céu.

A nossa segurança é proporcional à nossa confiança, que por sua vez é proporcional a essa vida de fé de que falamos. Toda a força de Deus está, por assim dizer, na dependência do nosso abandono nas suas mãos. O mar de Deus sustenta-nos. O abandono "provoca" o poder e a misericórdia de Deus, move as entranhas do nosso Pai, como quando uma criança, aos prantos, se agarra ao pai, gritando: "Eu só confio em você!...; eu só confio em você!" Será que um pai na terra não empregaria toda a sua força para não decepcionar o seu filho? E que poderíamos dizer de Deus, infinitamente bom e todo poderoso?

Confiar em Deus, "boiar" em Deus, "descansar" em Deus, são letras diferentes da mesma música:

> "Descansa na filiação divina. Deus é um Pai — o teu Pai! — cheio de ternura, de infinito amor.
>
> "Chama-Lhe Pai muitas vezes e diz-Lhe — a sós — que O amas, que O amas muitíssimo! Que sentes a força e o orgulho de ser seu filho"[1].

Os Salmos ajudam-nos a pedir a Deus essa força, essa segurança fundamentada na confiança: *Sede, Senhor, uma rocha protetora para mim, um abrigo bem seguro que me salve! Em vossas mãos, Senhor, entrego o meu espírito porque me salvareis, ó Senhor, Deus fiel!* (Sl 30, 3-6)[2].

Para chegar a esse abandono, é muito bom seguir o conselho de um homem que, apesar de viver assediado por inúmeros trabalhos, doenças e perseguições, nunca perdia a paz:

---

1 São Josemaria Escrivá, *Forja*, n. 331.

2 Cf. Rafael Llano Cifuentes, *Não temais, não vos preocupeis*, Editora Marques Saraiva, Rio de Janeiro, 1999, p. 16.

> "Tens de assomar muitas vezes a cabeça ao oratório [à igreja ou capela onde está o sacrário], para dizer a Jesus: — Abandono-me nos teus braços.
>
> — Deixa a seus pés o que tens: as tuas misérias!
>
> — Deste modo, apesar da turbamulta de coisas que arrastas atrás de ti, nunca perderás a paz"[3].

O abandono em Deus abre as portas à confiança na Providência divina. Sobre o amor generoso e previdente de Deus Pai, diz-nos o *Catecismo da Igreja Católica*: "É unânime, a este respeito, o testemunho da Escritura: a solicitude da Divina Providência é concreta e imediata, cuida de tudo desde os mais insignificantes até os grandes acontecimentos do mundo e da história"[4].

Mas essa confiança na Providência não nos tornará precisamente *imprevidentes*?

Responde Chevrot: "Deus proíbe-nos, por acaso, de preparar esses *amanhãs desconhecidos*? De maneira nenhuma [...], pois os que não enxergam além do dia de hoje correm para a ruína. O Senhor só nos proíbe que nos *inquietemos* com o amanhã. A imprevidência é uma falta porque sacrifica o futuro ao presente; mas a inquietação não é um erro menos grave, pois sacrifica o presente ao futuro"[5].

O abandono nas mãos de Deus não é uma justificação da imprevidência — Deus não promove os

3 São Josemaria Escrivá, *Forja*, n. 306.

4 *Catecismo da Igreja Católica*, n. 303.

5 Georges Chevrot, *As pequenas virtudes do lar*, Quadrante, São Paulo, 1990, p. 47.

irresponsáveis e os preguiçosos —, mas uma muralha indestrutível contra a inquietação infecunda.

Teologicamente, sabemos que Deus nos dá *graças atuais* para solucionarmos problemas *atuais*; mas não nos dá graças *atuais* para solucionarmos preocupações futuras forjadas por uma imaginação que não foi moderada por uma fé convertida em vida.

Fé e sofrimento

Há momentos delicados, especialmente dolorosos, em que nos custa muito entender e aceitar os desígnios da Providência Divina. Parece-nos incompreensível que um Pai amoroso como é Deus possa permitir que uma pessoa querida por nós se encaminhe por veredas de perdição, se marginalize na droga, deslize para a corrupção, a desonestidade, a infidelidade... Parece-nos incompatível com a bondade de um Pai que Ele permita sermos surpreendidos por uma doença grave, ou uma morte súbita, uma injustiça ou calúnia infundada... Há tantas circunstâncias em que nós não entendemos a Deus!...

Essas circunstâncias, contudo, devem ser iluminadas pela doutrina da Revelação, que poderia encontrar uma síntese significativa num texto de João Paulo II, na sua catequese sobre o *amor providente* de Deus Pai:

> "Diante do amor providente do Pai, perguntamo-nos espontaneamente que explicação pode haver para o sofrimento. E é preciso reconhecer que o problema do

sofrimento constitui um enigma, diante do qual a razão humana se perde.

"A Revelação divina ajuda-nos a compreender que o sofrimento não é querido por Deus, tendo entrado no mundo por causa do pecado do homem (cf. Gn 3, 16--19). Deus permite-o para a própria salvação do homem, tirando do mal o bem: «Deus onipotente [...], sendo sumamente bom, jamais permitiria que existisse qualquer mal nas suas obras, se não fosse suficientemente poderoso e bom a ponto de tirar do próprio mal o bem» (Santo Agostinho). Significativas, a este respeito, são as palavras tranquilizadoras dirigidas por José aos seus irmãos que o tinham vendido e agora dependiam do seu poder: *Não, não fostes vós que me fizestes vir para aqui. Foi Deus* [...]. *Meditastes contra mim o mal: Deus aproveitou-o para o bem a fim de que acontecesse o que hoje aconteceu e um povo numeroso foi salvo* (Gn 45, 8 e 50, 20).

"Os projetos de Deus não coincidem com os do homem; são infinitamente melhores, mas muitas vezes permanecem incompreensíveis à mente humana.

"Diz o Livro dos Provérbios: *O Senhor é quem dirige os passos do homem; como poderá o homem compreender o seu próprio destino?* (Pr 20, 24). No Novo Testamento, Paulo pronunciará este principio consolador: *Deus coopera em tudo para o bem daqueles que o amam* (Rom 8, 28). Qual deve ser a nossa atitude diante desta próvida e clarividente ação divina? Não devemos, certamente, esperar de maneira passiva aquilo que Ele nos manda, mas colaborar com Ele, a fim de que leve ao seu cumprimento tudo o que começou a fazer em nós. Devemos ser solícitos sobretudo na busca dos bens celestes. Estes devem ocupar o primeiro lugar, como exige Jesus: *Procurai primeiro o seu reino e a sua justiça* (Mt 6, 33).

"Os outros bens não devem ser objeto de preocupações excessivas, porque o nosso Pai celeste conhece quais são as nossas necessidades; é o que nos ensina Jesus quando exorta os seus discípulos a «um abandono filial à

Providência do Pai celeste, que cuida das mais pequenas necessidades dos seus filhos» (CIC, 305)"[6].

Esta serena exposição de João Paulo II lança luz sobre o incompreensível mistério dos desígnios de Deus.

Incompreensível era para José a gravidez de Maria, e para os dois um verdadeiro mistério o abandono e desamparo do Menino-Deus em Belém, a perseguição de Herodes, a morte dos inocentes, a fuga para o Egito... Muito mais incompreensível aos olhos humanos foi que um Pai infinitamente poderoso e bom permitisse que o seu Filho Jesus fosse caluniado, chicoteado, cuspido, injuriado, crucificado...

E, no entanto, tudo isso trouxe a redenção do gênero humano, a nossa salvação. Para onde iríamos no meio das nossas dores e sofrimentos, se não tivéssemos a possibilidade de abraçar-nos à cruz de Cristo, para sermos corredentores com Ele? Como poderíamos oferecer as nossas dores a Deus pela nossa própria salvação e pela salvação dos que nos rodeiam, se não pudéssemos dizer: "Senhor eu sofro por Ti, unindo-me à tua cruz em retribuição pelo muito que Tu padeceste por mim, em reparação dos pecados do mundo"? Que sentido teria oferecer os nossos sofrimentos por uma intenção, por uma pessoa, se não soubéssemos que desse modo participamos das dores do Senhor e aplicamos a sua diretíssima

6 João Paulo II, *Deus Pai: amor providente*, catequese da quarta-feira, 24.03.99, em *Osservatore Romano*, 27.03.99, p. 12.

eficácia redentora à solução dos problemas que nos preocupam?

Quando nos fechamos sobre nós mesmos, tristes por não conseguirmos entender o sentido de uma situação dolorosa, como os discípulos de Emaús, deveríamos meditar nas palavras que o Senhor lhes disse, ao longo do caminho: *Como sois sem inteligência e lentos para crer em tudo o que os profetas falaram! Porventura não deveria Cristo sofrer tudo isso para entrar na sua glória?* (Lc 24, 25, 26).

Será que nós somos, também, tão tardos para entender que essa circunstância crítica que nos angustia tem um sentido dentro dos desígnios amorosíssimos do nosso Pai-Deus?

Tudo tem um sentido. Nós vemos as realidades terrenas como se estivéssemos observando o hábil trabalho de um artista confeccionando uma tapeçaria, mas às avessas, do lado contrário à imagem que se vai formando. Enxergamos apenas as cores apagadas, os perfis confusos, os nós, os fiapos desajeitados... Não entendemos nada, não conseguimos perceber a harmonia do conjunto... Mas chegará um dia, quando passarmos para o lado de lá e deixarmos o tempo para entrar na eternidade, em que o Divino Artista nos mostrará a vertente definitiva e verdadeira da nossa vida, o significado daquelas protuberâncias irregulares e manchas sem sentido: aparecerá diante dos nossos olhos a esplêndida tapeçaria da nossa existência... E pode muito bem ser que Deus nos conceda essa perspectiva bem antes, mesmo nesta vida.

Recordo-me agora de um incidente doloroso que se deu com uma moça que eu atendia espiritualmente. Estava noiva, faltavam poucos dias para as bodas, os convites já tinham sido enviados, os detalhes da cerimônia e da recepção dos convidados acertados... E, de repente, o noivo desistiu do casamento. Imaginamos em que estado de ânimo ficou a moça. Insistiu com o rapaz. Pediu a Deus mil vezes um milagre. Mas ele estava irredutível. Entre prantos, dizia-me ela que não podia entender como Deus permitia uma coisa dessas. Tentei fazê-la entender que *Deus sabe mais*, que algum dia entenderíamos os últimos *porquês* dos percalços da nossa existência. Mas não houve maneira de consolá-la. Limitei-me, enfim, a acrescentar que deveríamos rezar para que o Senhor nos fizesse entender o significado de um transe tão doloroso.

Um mês depois da data marcada para o casamento, o rapaz teve um acesso violento de loucura e foi preciso interná-lo. A sua doença era grave e já existia, escondida, larvada fazia muito tempo. Soluçando, dizia-me a moça: "Eu estava querendo que Deus permitisse casar-me com um louco, e se Ele me tivesse atendido, eu estaria agora unida a um doente mental quem sabe até quando... Realmente, o senhor tinha toda a razão quando me dizia: *Deus sabe mais!*"[7]

Os homens de Deus ensinam-nos a enxergar as realidades duras da vida com aquele olhar sereno que só a confiança total na Providência divina pode

---

7 Cf. Rafael Llano Cifuentes, *Não temais, não vos preocupeis*, pp. 28ss.

oferecer. Assim transparecia claramente dos gestos de São Pio X:

> "Ao aparecer o Santo nas grandes salas de audiências — escreve um dos seus biógrafos —, com aquele passo sempre lento e silencioso que impressionava, a multidão colocava-se instintivamente ao seu redor e não tirava os olhos da sua figura; ouvia-se um murmúrio de vozes tímidas que imploravam luz e consolo para as dores e para os problemas das suas vidas. Então, o Papa Santo elevava o seu olhar sereno, sobrenatural, que parecia ter reflexos de um mundo supra-humano, e, com um gesto, abençoava a todos, passando como uma maravilhosa visão: por trás de seus passos brilhava «o poder das chaves supremas», como ele próprio dizia referindo-se aos poderes conferidos ao Vigário de Cristo pelo Senhor.
>
> "Era como se um impulso irresistível empurrasse os atribulados a pedir ajuda ao Santo Padre, com a certeza de encontrarem na sua Bênção Apostólica um consolo para todas as lágrimas, um alívio para toda a dor, um remédio para todas as preocupações; e os prodígios que se produziam lembravam os dias em que o Mestre divino passava pelas ruas da Palestina, fazendo o bem e curando a todos"[8].

Qual era o segredo dessa imensa serenidade? Uma convicção que ele sempre expressava nos momentos de aflição com uma frase que era como o lema da sua vida: *Deus providebit*, "Deus proverá"[9], Deus pensa em tudo, Deus sabe tudo... Ele cuida de cada um de nós...

No entanto, compreendemos que, muito embora os princípios evangélicos, as convicções cristãs pessoais

---

8 Giovanni Dal-Gal, *Pio X. El Papa Santo*, Palabra, Madri, 1985, p. 292.

9 *Ibid.*, p. 255.

estejam claras, há momentos críticos em que não entendemos os desígnios de Deus, e a sua Providência fica obscurecida aos nossos olhos.

Em determinados momentos dolorosos, em situações psicológicas delicadas, quando nos encontramos num estado emocional hipersensível, parece que não conseguimos compreender para onde o Senhor nos conduz e, angustiados, perguntamo-nos: "Por quê? Por que o nosso Pai-Deus, sendo tão bom, permite que aconteça isto comigo?"

Não pensemos que esse *por quê?* representa necessariamente uma revolta contra o Pai: com frequência, decorre da nossa fraca natureza humana. Quando estamos mergulhados numa situação dolorosa, é como se nos encontrássemos numa depressão do terreno da vida, e não conseguimos enxergar o resto, o panorama total do plano de Deus; sentimo-nos então sofridamente perplexos: *Por quê?*

Não nos perturbemos. Há, incrustado na História da Salvação, o mais dramático e sublime dos *por quês?*, pronunciado pelos lábios de um Cristo agonizante: *Meu Deus, meu Deus, por que me desamparaste?* (Mc 15, 34). Também Jesus está *desamparado* no meio das trevas. A sua alma é como um deserto. Sofre a trágica experiência da completa solidão e do abandono. Essas suas palavras, tiradas do Salmo 22, faziam referência à oração do justo que, perseguido e encurralado, não encontra saída alguma; e que, na sua extrema necessidade, recorre a Yavé.

Jesus estabelece um novo modo de solidariedade com os homens que, com tanta frequência, levantam os olhos e os lábios para exprimir o seu lamento, e alguns a sua impotência ou o seu desespero[10]: "*Por que* morreu essa pessoa tão jovem, quando mal iniciava o seu caminho pela vida? *Por que* esta doença maligna, esta ruína econômica que vai destruir a minha família? *Por que* parece que Deus não escuta a minha oração nesta necessidade imperiosa e urgente?...

A nossa alma, porém, muda o sentido das suas reclamações ao ouvir Jesus pronunciar esse *porquê*. Chegamos a saber que também podemos orar assim, quando sofremos... Mas temos que ter as mesmas disposições de confiança e de abandono filial de que Jesus é mestre e modelo para todos. Nessas suas palavras, não há ressentimento nem rebeldia que o levem a afastar-se do Pai. Não há a menor sombra de censura. Nesses momentos, o Senhor exprime a experiência da fragilidade e da solidão, próprias da alma que se encontra no mais completo abandono.

Jesus converte-se assim no primeiro dos "desamparados"[11], dos que se encontram sem proteção alguma. Mas, ao mesmo tempo, ensina-nos também que, mesmo sobre os que se encontram nessa situação extrema, vela o olhar benigno e misericordioso de Deus.

Na realidade, ainda que Jesus sofresse por esse sentir-se abandonado por seu Pai, sabia que não o estava de maneira nenhuma. No cimo da sua alma, tinha a visão clara de Deus e a certeza da sua união com o Pai, embora o fundo da sua sensibilidade humana não

10 Cf. João Paulo II, *Audiência geral*, 30.11.88.

11 *Ibid.*

conseguisse compreender tanta dor, tanta angústia, e dessas profundezas brotasse o queixume doloroso: *Pai, por que me desamparaste?*[12]

Esse queixume procedia, porém, do mesmo Salmo 22, que faz referência à oração do justo que, perseguido e encurralado, procura Javé, não para queixar-se e revoltar-se, mas para manifestar a mais absoluta confiança. O Salmo continua assim: *Na verdade, Tu és a minha esperança desde o seio de minha mãe* [...]. *Não tardes em socorrer-me. Apressa-te a vir em meu auxílio* (Sl 22, 2.10-20). A serenidade com que Jesus morreu sugere-nos que Ele continuou interiormente a recitá-lo até o fim.

Nós também conseguiremos essa paz e essa serenidade quando, depois da primeira queixa dolorosa que formula um amargo *por quê?*, soubermos acrescentar: "Senhor, Tu sabes o *porquê* de tudo. Tu és a minha esperança. Tu conheces todos os meus passos e o meu destino inteiro. Eu, como Jesus nas suas últimas palavras, quero dizer-Te: *Nas tuas mãos encomendo o meu espírito* (Lc 23, 46)".

A cruz de Cristo parecia o fim e, no entanto, foi o começo: as trevas da morte e do sepultamento converteram-se em luz; a obscura perplexidade de um *porquê*, no luminoso resultado de uma Ressurreição que a tudo deu um claro sentido. Do mesmo modo, quem se situa junto da cruz de Cristo, bem ao seu lado, consegue entender o porquê de muitos aspectos sombrios ou mesmo trágicos da sua vida. Levantando

12 Cf. Francisco Fernandez-Carvajal, *A cruz de Cristo*, Quadrante, São Paulo, 1999, pp. 104-106.

os olhos para Jesus moribundo e morto, entende por fim o plano global da sua existência[13].

A aceitação de si mesmo

Com frequência, perdemos a paz perante os nossos erros, falhas e pecados. Em determinados momentos, sentimos de forma dolorosa a nossa incapacidade, as nossas limitações, a consistência dos nossos defeitos: a nossa apatia, irascibilidade e egoísmo, sensualidade, mesquinharia, ambição... Às vezes, tudo isso se torna evidente, especialmente quando, depois de nos termos proposto sincera e firmemente superar essas deficiências, recaímos novamente.

Surge então a tentação de inquietar-nos, de perder a paz, até de irritar-nos conosco, com as circunstâncias que nos rodeiam ou com o modo de ser dos que vivem ao nosso lado. Tudo isso, igualmente, tende a desanimar-nos.

Existem uma inquietação e tristeza boas e uma inquietação e tristeza más. A inquietação boa procede do nobre desejo de conseguir a *perfeição*, de não ofender um Pai infinitamente misericordioso. Já a inquietação ruim, nefasta, procede do despeito, do orgulho ferido, da tristeza de ver o "ídolo" do próprio "ego" diminuído ou derrubado.

No fundo, há na pessoa um temor de ter que reconhecer as suas limitações, a angústia de sentir-se diminuída, a necessidade doentia de *restabelecer a*

13 Cf. Rafael Llano Cifuentes, *Não temais, não vos preocupeis*, pp. 83-86.

autoestima[14]. E a tristeza maléfica que isso produz não procede nela da mágoa filial de ter ofendido a Deus, mas do sentimento de não poder *aceitar-se*, de não poder conviver com os seus erros, pecados e insuficiências.

São Francisco de Sales ensina-nos que "com certeza, devemos entristecer-nos, mas com um arrependimento verdadeiro, não com uma dor mal-humorada, cheia de despeito e indignação. O verdadeiro arrependimento é sempre calmo, como todo o sentimento inspirado pelo bom Espírito: *O Senhor não está na perturbação* (1 Rs 19, 11). Onde começam a inquietação e a perturbação, a tristeza má passa a ocupar o lugar da tristeza boa. *Não há nada que mais conserve os nossos defeitos do que o desassossego e a pressa em querer expurgá-los*"[15].

Não nos aflijamos por nos vermos sempre principiantes no exercício das virtudes, porque, no campo da vida interior, todos somos sempre principiantes. Pensar que já superamos essa etapa é o sinal mais evidente, não só de que continuamos a sê-lo, mas também de que somos incapazes de deixar de sê-lo. A obrigação de lutar por servir a Deus e de progredir no amor divino dura até à morte[16].

A disposição básica que considera o desânimo e o pessimismo como os piores inimigos do progresso

---

14 *Ibid.*, p. 143. Sobre este tema, ver Michel Esparza, *A auto-estima do cristão*, Quadrante, São Paulo, 2008.

15 São Francisco de Sales, *Obras completas*, XIV, p. 120.

16 Cf. Jacques Tissot, *A arte de aproveitar as próprias faltas*, Quadrante, São Paulo, 1990, p. 27.

espiritual leva-nos a um posicionamento fundamental: o de saber *começar e recomeçar* muitas vezes ao longo da vida.

Um homem santo, ao completar cinquenta anos de sacerdócio, confidenciava, com essa suave maturidade que dá o amor de Deus procurado incansavelmente ao longo de toda a vida: "Passados cinquenta anos, sinto-me como uma criança que balbucia: estou começando, recomeçando, como na minha luta interior de cada jornada. E assim até o fim dos dias que me restem: sempre recomeçando. O Senhor assim o quer, para que em nenhum de nós haja motivos de soberba nem de néscia vaidade"[17].

Quantas lutas, quantas tentativas frustradas, quantos esforços renovados integram a vida dos amigos de Deus! Jacques Philippe acrescenta algumas ideias importantes neste sentido:

> "Em última análise, por que este modo de avançar — baseado na paz, na liberdade, no confiado abandono em Deus, na aceitação serena das mazelas e mesmo das quedas pessoais — é o caminho aconselhável? Por que esse caminho é mais acertado do que procurar a vontade de Deus no meio da preocupação, dos escrúpulos, de um desejo tenso e inquieto de perfeição nas decisões?
>
> "A razão é esta: *a única perfeição verdadeira é a do amor*. Há mais amor de Deus no primeiro modo de proceder do que no segundo. A Madre Faustina dizia: «Quando não sei o que fazer, pergunto ao amor. É o melhor conselheiro». O Senhor chama-nos à perfeição: *Sede perfeitos como meu Pai celestial é perfeito* (Mt 5, 48). Porém, segundo o

17 Salvador Bernal, *Perfil do Fundador do Opus Dei*, Quadrante, São Paulo, 1978, p. 416.

Evangelho, não é mais perfeito aquele que se comporta de um modo irrepreensível, mas aquele que ama mais.

"A conduta mais perfeita não é a daquele que imagina a perfeição como um comportamento impecável e sem mancha, mas a daquele que tem um amor mais desinteressado por Deus, livre da busca orgulhosa de si mesmo. Quem aceita ser fraco, pequeno, quem aceita cair com frequência, não ser nada aos seus próprios olhos e aos dos outros, sabendo que o seu amor é infinitamente mais importante e tem muito maior peso do que as suas faltas e imperfeições, esse ama mais do que aquele cuja ânsia de perfeição o empurra para o desassossego. [...]

"Este caminho de aceitação gozosa não é de maneira nenhuma uma resignação perante a mediocridade. Não é uma abdicação dos nossos desejos de perfeição, mas a via mais rápida e segura de alcançá-la, porque gera em nós umas disposições de humildade e confiança que nos põem plenamente nas mãos de Deus. E então a graça divina passa a poder agir e conduzir-nos, por pura misericórdia, a essa perfeição que em hipótese alguma poderíamos alcançar pelas nossas próprias forças"[18].

As nossas quedas e limitações nunca nos devem tirar a paz. A perturbação parte do orgulho ferido que derrama pela chaga aberta o despeito, o desânimo, o desassossego. A serenidade dimana de uma humildade simples e profunda.

"Não vos aborreçais — sublinha mais uma vez São Francisco de Sales — ou, pelo menos, não vos perturbeis por vos terdes perturbado, não vos abaleis por vos terdes abalado, não vos inquieteis por vos terdes inquietado por causa desses impulsos incômodos. Recuperai o domínio

18 Jacques Philippe, *A paz interior*, Quadrante, São Paulo, 2006, pp. 66-67.

do vosso coração e colocai-o suavemente nas mãos do Senhor"[19]. "Fazei na medida do possível que o vosso coração torne a estar em paz convosco mesmos, ainda que vos saibais miseráveis"[20].

Reconciliação versus *aflição*

A aceitação de nós mesmos encontra o seu pleno valor quando sabemos externar as nossas limitações, erros e pecados no Sacramento da Reconciliação. Assim o mostra a parábola do filho pródigo.

Esfarrapado, com fome no corpo e na alma, o filho pródigo encontra nos braços do pai o aconchego do perdão e o remanso da paz. Quando o filho começou a dizer: *Pai, pequei contra o céu e contra ti, não sou digno de ser chamado teu filho*, o pai, comovido, fechando--lhe os lábios com a mão, disse-lhe: "Não fales mais, eu te perdoo de todo o coração! Vamos celebrar uma grande festa! Eu te recuperei! Estás agora ao meu lado! Que felicidade! O teu arrependimento e o meu perdão são agora a nossa alegria e o teu prêmio" (cf. Lc 15, 11-32). O pai não pensa no castigo, abre-se à misericórdia; não se lembra das tristezas causadas pelo comportamento do filho, mas entrega--se ao júbilo da sua volta.

Depois da alegria exultante, vem a paz do aconchego familiar. Estar no próprio lar! Que paz dá viver onde sabemos que somos amados por Deus e pelos

19 São Francisco de Sales, *Obras completas*, XVI, p. 64.

20 *Ibid.*, XIV, p. 194.

homens! O nosso lar definitivo é o céu, e a paz do arrependimento e do perdão é o céu na terra.

Que bom seria que nós soubéssemos orar assim: "Não leves em conta, Senhor, os meus pecados e misérias, mas o desejo de recomeçar a ser fiel, através do meu arrependimento e dos meus propósitos". Procedendo com essa simplicidade, recuperamos a paz que porventura perdemos.

A antífona do sábado da segunda semana de Quaresma reza assim: *O Senhor é clemente e misericordioso e rico em piedade e compreensão; o Senhor é carinhoso com todos, misericordioso com todas as criaturas.* Com que clareza o vemos nessa parábola que acabamos de recordar! Não deveria chamar-se *a parábola do filho pródigo*, mas *a parábola do pai misericordioso*. Brilha mais nela a misericórdia do pai do que a prodigalidade do filho.

Mas poderíamos perguntar: como pode Deus ter misericórdia se não lhe expomos a nossa miséria? Como pode o médico curar-me se não lhe revelo os estragos da minha doença? Como pode o juiz julgar-me com benignidade se não tenho a coragem de confessar-lhe com sinceridade os meus delitos? Como há de perdoar-me o pai, se eu, como filho, não for até ele para receber o seu abraço? Como pode Deus perdoar-me os meus pecados se não os reconheço diante do sacerdote que o representa?

O Senhor disse aos seus discípulos: *Tudo o que perdoardes na terra será perdoado no céu* (cf. Mt 16, 19). Ora, um padre não pode perdoar em nome de Deus o que ignora: esta é a raiz evangélica da necessidade da confissão individual. Temos que ter a sinceridade de confessar os nossos pecados. Temos que saber colocar as nossas *misérias* no *Coração* de Jesus. É isto o que significa a palavra *misericórdia*, que vem de *miser*, "digno de piedade", e *cor*, "coração".

Santa Faustina, no seu *Diário*, fala continuamente da misericórdia de Jesus. Um dia, Jesus disse-lhe: "Minha filha, não me ofereceste o que é verdadeiramente teu". Surpreendida, pensando no que podia ainda não ter entregado, a santa respondeu: "Jesus, dizei-me o que é, e vo-lo entregarei imediatamente". E Jesus disse-lhe: "Filha, entrega-me a tua miséria, porque é tua propriedade exclusiva"[21].

Seria muito triste que, tendo entregado tantas e tantas coisas a Deus, não soubéssemos, por vergonha, entregar as nossas misérias no Sacramento da Penitência.

Santa Faustina recolhe do Senhor estas palavras:

> "Fala da minha misericórdia. Diz às almas onde devem procurar consolo, isto é, no tribunal da misericórdia, onde continuo a realizar e a renovar sem cessar os meus maiores prodígios. Para obtê-los, não é necessário empreender longas peregrinações nem realizar exteriormente grandes cerimônias, mas basta aproximar-se com fé dos pés do meu representante e confessar-lhe a miséria própria. O milagre da misericórdia de Deus manifestar-se-á em toda a plenitude. Ainda que a alma esteja em decomposição, como um cadáver, e ainda que humanamente já não haja possibilidade de restauração e tudo já esteja perdido, Deus não vê as coisas dessa maneira.

21 Santa Faustina, *Diário. A Misericórdia Divina na minha alma*, Apostolado da Divina Misericórdia, Curitiba, 1995, pp. 340-1.

O milagre da misericórdia de Deus fará ressurgir aquela alma para uma vida plena. Ó infelizes, que não aproveitais esse milagre de misericórdia de Deus!"[22]

São incontáveis as expressões que, nesse *Diário*, se referem à misericórdia do Senhor. Apenas mais uma:

"Filha, quando te aproximas da santa Confissão, dessa fonte da minha misericórdia, sempre descem na tua alma o meu Sangue e a água que saíram do meu Coração e enobrecem a tua alma. Cada vez que te aproximares da santa Confissão, mergulha toda na minha misericórdia com grande confiança, para que ela possa derramar na tua alma a abundância da minha graça. Quando te aproximas da santa Confissão, deves saber que sou Eu mesmo quem espera por ti no confessionário; oculto-me no sacerdote, mas sou Eu mesmo que atuo na alma. Aí, a miséria da alma encontra-se com o Deus de Misericórdia"[23].

A verdade *sobrenatural* que implicam todas estas expressões, saturadas de *misericórdia*, tem a sua correspondência natural em uma lei que domina toda a psicologia humana: ninguém supera o que não reconhece. Toda a análise psiquiátrica moderna consiste em passar o que está no subconsciente para o consciente a fim de tratar o mal com os remédios oportunos.

A nossa consciência é um órgão muito delicado. Quando não está completamente limpa, rouba-nos a paz. Mas em nós a força do orgulho inclina-nos

22 *Ibid.*, p. 368.

23 *Ibid.*, pp. 407-408.

a esconder os nossos erros, a desculpar os nossos pecados, a sepultá-los no anonimato, a diluí-los em confissões "comunitárias". Nenhum doente que tenha bom senso gosta de diagnósticos e de receitas "comunitárias". Quer ser auscultado e tratado *individualmente*, de forma pessoal.

A Confissão é, por excelência, o sacramento da paz. Tudo quanto se pode dizer deste sacramento, afirma João Paulo II, "está enunciado, em síntese breve e maravilhosa, na fórmula ritual da absolvição sacramental: «Deus, Pai de misericórdia, que pela morte e ressurreição do seu Filho reconciliou o mundo consigo e enviou o Espírito Santo para a remissão dos pecados, *te conceda o perdão e a paz* mediante o ministério da Igreja»"[24].

Guardo uma lembrança muito nítida de outra lição que um dia me deu o meu pai. Homem bom, sereno, de poucas palavras. Não era inclinado a dar "conselhos piedosos". Eu teria uns oito anos. Estávamos no campo. Desencadeou-se uma tempestade violenta. Os raios caíam a torto e a direito perto de nós. Comecei e tremer. Meu pai, segurando-me firmemente pela mão, perguntou-me: — "Você está com medo?" — "Estou apavorado", respondi. Ele simplesmente acrescentou: — "Só têm medo os que não têm a consciência tranquila". Senti um arrepio. No dia seguinte, fui confessar-me.

O cardeal vietnamita Van Thuan, que passou treze anos numa prisão comunista — e cujo processo de

24 João Paulo II, *Discurso na audiência aos participantes do curso promovido pela Penitenciaria Apostólica*, 13.03.1999.

canonização já foi iniciado —, concedeu uma entrevista à agência de notícias Zenit na qual recordava:

> "Aos companheiros de prisão não católicos que me perguntavam como podia, nas condições em que estávamos, continuar com tanta paz e esperança, sem medo, eu respondia: — Abandonei-me todo para seguir Jesus, porque amo os «defeitos» de Jesus. Na Cruz, durante a sua agonia, o ladrão pediu-lhe que se lembrasse dele quando chegasse ao seu Reino. Se Jesus tivesse respondido: — Não te esquecerei, mas terás que purificar os teus crimes no purgatório... Mas o Senhor respondeu-lhe: — *Hoje estarás comigo no paraíso*. Tinha esquecido os pecados daquele homem! O mesmo aconteceu com a Madalena e com o filho pródigo. Jesus não tem memória para os pecados. Perdoa todo o mundo"[25].

Esse é o "defeito" de Jesus de que o cardeal Van Thuan mais gostava. Por isso, apesar dos maus-tratos a que o submetiam e das repetidas injustiças de que era vítima, não perdia a paz e a esperança.

Como nos invade a paz, como perdemos o temor, quando, malgrado os nossos erros e pecados, sabemos esconder o nosso rosto no peito do Pai, apertando-o contra a nossa miséria! Entre as nossas lágrimas e os afagos do Pai, vamos recuperando pouco a pouco a serenidade, como num dia escaldante de verão a chuva fina vai refrescando suavemente o nosso corpo esbraseado.

A confissão dos nossos pecados ao sacerdote provoca uma grande alegria no nosso Pai-Deus. É certo

25 Em *Zenit*, 12.03.2000.

que nunca deveríamos ter pecado, abandonando a casa paterna. Mas o nosso retorno suscita no coração divino uma imensa felicidade. Não lhe recusemos essa alegria. Por cima da vergonha que nos produz a manifestação dos nossos pecados, pensemos no júbilo que causamos a Deus e no sossego que conseguiremos vivendo no lar paterno, na sua santa paz.

Nas conversas corriqueiras, desejamos com frequência aos outros que fiquem na "santa paz" de Deus. É uma expressão popular muito significativa, porque nos recorda que essa paz não nos chega se não existe paz na consciência. Precisamos pedir perdão dos nossos erros e pecados e ter a certeza de termos sido perdoados; só então encontramos esse especial *ajuste íntimo* da nossa personalidade pelo qual anelamos. Poderiam apresentar-se, neste sentido, exemplos sem conta. Basta apenas um, de certa forma dramático.

Uma senhora que começara a procurar aconselhamento espiritual com um sacerdote disse-lhe que acordava com frequência, à noite, sobressaltada com os gemidos de um bebê. Já tinha ido ao analista, mas este não conseguira identificar a origem de uma síndrome tão estranha. Um dia, ao repetir, angustiada, que naquela noite o choro tinha sido mais dilacerante, o sacerdote perguntou-lhe: — "A senhora já fez um aborto?" Quando ela lhe disse que sim, perguntou-lhe se já o tinha levado à Confissão e a resposta foi negativa. Convidou-a a fazê-lo. O seu arrependimento era comovente. O mais tocante foi que, a partir do momento em que recebeu a absolvição, nunca mais ouviu o choro da criança. Na verdade, quem gemia não era o bebê, era a sua consciência. A sua consciência amordaçada pela insinceridade clamava, gritava reclamando paz.

A minha mãe, profundamente cristã, costumava dar-nos a bênção antes de irmos dormir. Desfilávamos os irmãos para que ela nos fizesse o sinal da cruz na testa, enquanto pronunciava a fórmula de uma bênção bíblica que nos deixava muito contentes. Lembro-me de que, quando estava brigado com algum dos meus irmãos — éramos nove —, a minha mãe, com uma sábia pedagogia, me dizia: “Não lhe dou a bênção até que você peça perdão”. Às vezes, eu, emburrado, teimava em não fazê-lo. Estava com raiva. Era muito humilhante. Mas depois não conseguia dormir, a consciência dava-me “chutes”. Só depois de pedir perdão é que, ela, sorrindo, me deixava ouvir aquelas palavras que me devolviam a tranquilidade:

> *O Senhor te abençoe e te guarde,*
> *volte o seu rosto sereno para ti,*
> *tenha compaixão de ti*
> *e te dê a paz* (Nm 6, 26).

Mansidão e humildade

A mansidão é, com a humildade, a irmã gêmea da paz. É a expressão externa, social, da paz interior. Humildade, mansidão e paz andam sempre juntas. Por isso entendemos facilmente um dos ensinamentos humanamente mais atrativos de Jesus: *Aprendei de mim que sou manso e humilde de coração e achareis repouso para as vossas almas* (Mt 11, 29).

Há gente que pensa que a mansidão é um sinal de passividade, de acomodação, de conformismo ou até de fraqueza de caráter. A verdadeira mansidão, contudo, é algo que pressupõe *domínio próprio.*

Jesus era manso e forte. De caráter bem marcante e ao mesmo tempo sereno e humilde. Com a mesma mão com que acariciava a cabeça de uma criança, pegava no chicote para desbaratar a mesquinharia mercantil dos vendilhões do Templo.

A mansidão exige que se dominem os movimentos de orgulho, a ira diante dos destemperos alheios, a impaciência em face das contrariedades, das demoras, das críticas alheias...

Uma pessoa madura não se irrita quando alguém de boa vontade a corrige ou lhe faz uma crítica construtiva. Chega a agradecer-lhe esse gesto. O imaturo, pelo contrário, sente a crítica como um ataque pessoal. Por quê? Porque a sua personalidade e segurança se baseiam na falsa imagem de si próprio, inchada pelo orgulho. E quando alguém o critica, tem a sensação de que essa imagem começa a fragmentar-se e experimenta a vertigem de quem sente o chão desaparecer-lhe debaixo dos pés. A sua agressividade é, por isso, paradoxalmente, um claro sinal de insegurança.

A humildade, a paz e a mansidão integram a trilogia da maturidade. Certa vez, D. José Lopez Ortiz, bispo de Tuy, na Espanha, achou conveniente ler ao fundador do Opus Dei um libelo cheio de calúnias desprovidas de qualquer fundamento que tinham dirigido contra a pessoa deste. Enquanto lia, caíam-lhe lágrimas de pena, compadecido do sofrimento do seu amigo. Levantou os olhos e viu o rosto sereno de mons. Escrivá, que sorria. Inconformado, disse-lhe o bispo: "Como você sorri diante de tantas mentiras?" E ele respondeu, cheio de paz: "Se me conhecessem por dentro, diriam coisas piores".

O conhecimento profundo da nossa miséria, fruto da humildade, torna-nos invulneráveis às criticas e calúnias. Faz-nos fugir das auto-justificações, bem como dos protestos, das queixas, das reclamações ásperas ou lamurientas, das expressões acaloradas e até de gritos afrontosos, levando-nos assim à paz.

Por outro lado, a mansidão que resulta da humildade também tem sempre um olhar compassivo para os outros. Confere uma maturidade de juízo que leva a entender que cada pessoa tem o seu ritmo psicológico e biológico. A criança não pode ser tratada como um adulto; àquele a quem falta instrução, não podemos falar-lhe da mesma forma que a uma pessoa culta... Há temperamentos dedutivos que contrastam com outros intuitivos, e temperamentos românticos e sonhadores que conflitam com outros realistas e concretos. Há quem, a partir das dez horas da noite, não seja capaz de fazer qualquer trabalho e às seis da manhã esteja pronto para qualquer tarefa; outros lembram as aves noturnas: a sua vitalidade dinamiza-se com a escuridão e de manhã parecem um bicho-preguiça... Diante dessa diversidade de temperamentos, quando não há mansidão, falta a compreensão, perde-se a paz e cresce a irritação.

É preciso respeitar o modo de ser dos outros. E, para tanto, é indispensável dominar a irritação que a nossa inveterada impaciência produz em nós. Às vezes, parece-nos que a nossa inquietação é dinamismo, vigor, e amiúde é simplesmente falta de maturidade e excesso de fraqueza. O domínio próprio e a capacidade de esperar são sinal de equilíbrio e de fortaleza: *Melhor do que o forte é o paciente, e quem sabe dominar-se é mais do que aquele que conquista uma cidade* (Pr 16, 32).

Lembremo-nos das nossas atitudes precipitadas, das nossas irritações destemperadas, das palavras que não deveriam ter sido proferidas no momento em que nos sentíamos feridos nas nossas fibras mais íntimas, da voz que se eleva e se torna cada vez mais estridente, das palavras que, sem sabermos como, se vão inflamando a ponto de dizermos coisas que mais tarde nos enchem de vergonha... Lembremo-nos de todas essas coisas para compreender que a calma e o silêncio são nesses casos um sinal de maturidade e de fortaleza, uma verdadeira conquista.

São Josemaria Escrivá ensinava-nos no dia a dia, no convívio familiar, inumeráveis lições de mansidão. Acompanhei de perto um incidente trivial, mas significativo. O santo estava trabalhando intensamente, com a mesa cheia de fichas que ia ordenando para completar o que escrevia. De repente, alguém abriu a porta e estabeleceu-se uma corrente de ar que jogou algumas das fichas ao chão. Naquele momento, como é natural, experimentou certa impaciência; mas, para não ceder a esse movimento interior desordenado, levantou-se, jogou decididamente o resto das fichas no chão, e depois foi recolhendo-as enquanto dizia calmamente: "Josemaria, pelos teus filhos; Josemaria, pelos teus filhos..." A seguir, continuou a trabalhar como se nada tivesse acontecido. Com esses exercícios e muitos outros semelhantes, esforçava-se por dominar o seu temperamento naturalmente vivaz.

É mais fácil aceitar mansamente uma contrariedade material do que uma situação criada por uma falha ou desleixo alheio. Resignar-me sem cólera a chegar tarde a um encontro porque o meu carro enguiçou é mais fácil que aceitar que a esposa me faça chegar atrasado porque ficou um tempão arrumando-se ou falando ao telefone. Os aborrecimentos causados por outras pessoas, e especialmente pelos seus defeitos e limitações, são mais difíceis de aceitar do que aqueles que provêm de eventualidades fortuitas ou materiais.

Neste ponto, ajuda-nos muito pensar que nós também caímos em erros e temos limitações, e que Deus precisa usar conosco de uma infinita e contínua paciência: devemos persuadir-nos de que os percalços do convívio humano são, como diz Pascal, "mestres que Deus nos envia". Além disso, cumpre levar em consideração que, devido aos nossos filtros psicológicos pessoais, temos dificuldade em perceber as verdadeiras intenções ou motivações dos outros. E nunca deveríamos esquecer que há dentro de nós um tremendo egoísmo, que tende a pensar sempre em primeira pessoa.

> "Todos podemos ao menos — escreve Chevrot — esforçar-nos por pensar nos outros, antes de pensarmos em nós mesmos. Será o modo de vencermos muitos

movimentos de impaciência. Devemos dizer: aqueles que eu amo têm manias e defeitos que me desagradam; este repete-me dez vezes a mesma coisa ou, ao contrário, obriga-me a repetir-lhe a toda a hora as mesmas observações; aquele interrompe-me quando mais preciso de prestar atenção ao meu trabalho. Quem não ficaria fora de si nessas circunstâncias?

"Mas aqueles que me cercam têm também as suas preocupações e os seus aborrecimentos, talvez tão graves como os meus. Quem sabe se, quando me interrompem, não têm mais necessidade de mim do que eu teria da minha tranquilidade? [...] Por acaso não sou eu também insuportável de vez em quando? Pois se eu pensasse menos frequentemente em mim e mais frequentemente nos outros, não há dúvida de que me mostraria mais paciente"[26].

Mas pensar, apenas, não basta. É preciso exercitar-se na paciência, e esse exercício leva a três linhas de comportamento: *aprender a guardar silêncio*, *aprender a esperar* e *aprender a refletir*, a ponderar.

"Para aprendermos a calar quando não é hora de falar — continua Chevrot —, precisamos esforçar-nos sempre por não falar antes de tempo. Deixemos os outros exprimir os seus pensamentos sem interrompê-los, e depois pensemos durante uns segundos antes de responder-lhes. Este hábito, uma vez adquirido, evitar-nos-á muitas respostas precipitadas. Já que são necessários dois para brigar, a sabedoria está em não sermos o segundo. Não respondamos imediatamente àquele que se impacienta nem àquele que nos impacienta. Uma observação só atinge o seu objetivo, uma explicação só convence, quando os interlocutores não estão irritados [...]. Um agricultor

26 Georges Chevrot, *As pequenas virtudes do lar*, p. 83.

> não semeia o trigo em dia de tempestade. Falaremos mais tarde, quando a calma tiver voltado. Deixemos para amanhã o que seria mal feito hoje"[27].

A virtude da paciência exige, em segundo lugar, a longa aprendizagem da espera. Deus esperou milhões de anos para que as massas de lava esfriassem e pudesse brotar a vida no Universo, esperou milênios até que chegasse a plenitude dos tempos para o nascimento do seu Filho Jesus, e não deixa de esperar pela nossa conversão interior para nos comunicar os seus dons mais elevados. Aprendamos nós também a esperar. Acostumemo-nos a não exigir a satisfação imediata dos nossos desejos. Saibamos aguardar os resultados de uma prova, de um exame médico; esforcemo-nos por não nos aborrecermos com o ônibus que não chega, com o telefone ocupado, com a fila interminável, com o engarrafamento enervante...; mas, sobretudo, aprendamos a esperar pelas pessoas, a esperar pacificamente que "processem" as coisas segundo o seu ritmo vital, com as suas pausas, com as suas demoras, e também com as suas limitações.

Teresa de Lisieux, como cada um de nós, não gostava de ser perturbada, sobretudo quando lhe confiavam tarefas que lhe exigiam atenção cuidadosa e um tempo de que habitualmente não dispunha. Chegava a ficar tensa só de pensar que poderia ser interrompida. Decidiu, então, mudar de disposição interior, adotando esta atitude: "Eu *escolho* ser perturbada". Se porventura uma irmã vinha pedir-lhe ajuda,

27 *Ibid.*, p. 84.

ao invés de despedi-la secamente, esforçava-se por acolhê-la de bom grado: era isso que tinha escolhido. E se ninguém vinha perturbá-la, considerava aquilo um maravilhoso presente de Deus e ficava muito agradecida. Assim, acontecesse o que acontecesse, vivia sempre em paz[28].

Por vezes, entramos em choque com os acontecimentos e as pessoas com a violência da água que jorra de um dique rompido. Melhor seria que nos dispuséssemos a prolongar a nossa espera, a estender a nossa paciência, como se estende num plano inclinado a areia tranquila, ante a qual se desvanece a fúria das águas que acabam beijando mansamente o rosto sereno da praia.

Certa vez, um rapaz, ainda bem novo, deu uma excelente lição de compreensão à sua mãe, que se queixava constantemente da empregada: "Não sabe fazer isto, não sabe fazer aquilo, é uma burrinha, estou tentada a mandá-la embora..." Um dia, depois de ouvir toda aquela ladainha, o rapaz disse à mãe: "Você paga-lhe um salário mínimo; se ela fosse tão delicada e inteligente como você quer, não trabalharia aqui como empregada, seria professora ou secretária executiva".

É preciso compreender as pessoas como elas são, com as suas limitações e defeitos. E, para isso, *refletir* e *ponderar*, procurando olhar as coisas com olhos de Deus. Assim chegaremos a concluir talvez que aquela

28 Cf. Jacques Philippe, *A liberdade interior*, p. 41.

nossa impaciência foi inútil, que aquela atitude agressiva e aquele gesto de irritação não serviram para nada. Foram apenas sacudidelas do nosso temperamento imaturo ou sintomas do nosso orgulho impaciente. E de que adiantou? Tivemos que acalmar-nos, pedir perdão às pessoas ofendidas e conformar-nos simplesmente com esperar..., coisa que deveríamos ter feito desde o começo. Por que não tentamos imitar Nossa Senhora, que *ponderava as coisas no seu coração* (Lc 2, 51), para dominar assim, com a perspectiva de um Deus que é eterno, a circunstância concreta do dia de hoje que tanto nos exaspera?

Algumas sugestões práticas

Para encerrar este capítulo, gostaria de enunciar aqui, esquematicamente, alguns conselhos:

— *Não "compliquemos" as coisas*, não intelectualizemos tudo. Pensemos, mas deixemo-nos conduzir também pela *sabedoria do coração.*

— *Não "forcemos a barra"*; não apressemos o rio; não puxemos a planta para que ela cresça mais depressa.

— *Não sejamos "perfeccionistas"*. O perfeccionista tende a exagerar o esforço. Trabalha nos fins de semana. Necessita compulsivamente de estar "quite" com Deus, com a sua consciência e com o cumprimento do dever. Tem que "dar conta" de tudo. Tudo tem que estar "resolvido". Mas é preciso aceitar que, às vezes, *"o ótimo é inimigo do bom"*. É *bom* viver em paz com os nossos nervos, ainda que nem todas as coisas tenham "ficado em ordem", o que seria melhor. Mas seria péssimo ficarmos retidos na cama sofrendo de *stress* ou passar uma temporada fazendo tratamento, por nos termos convertido em *trabalhadores neuróticos*. Temos, às vezes, que aceitar uma certa desordem nas coisas acidentais para que possa haver ordem nas coisas essenciais, porque o *perfeccionismo* se paga caro.

— *Não depositemos em nós expectativas excessivas*. Temos limitações. O nosso orgulho empurra-nos a esticar as nossas possibilidades, como se estas tivessem um coeficiente ilimitado de elasticidade. Mas não é assim. A borracha arrebenta.

— *Tenhamos senso de humor*. Saibamos rir das nossas faltas e fracassos. Não levemos tão a sério a nossa "reputação" e a nossa "dignidade". Alguns aspectos da vida são demasiado "sérios" para serem levados a sério.

— *Abramo-nos para a humildade* e, concretamente, para a humildade *de nos levantarmos sem desanimar quando caímos*. Os verdadeiros lutadores não são os que nunca vão à lona, mas os que continuam a levantar-se mesmo que a intensidade da sua dor lhes esteja gritando que joguem a toalha[29].

— *Tenhamos o bom senso de saber descansar*, conceder-nos semanalmente umas horas de distensão.

— *Vivamos cada minuto*, cada hora, cada dia, *um depois do outro*, sem precipitar as ações. Para explicar o que quero dizer com isto, trago aqui o sábio conselho

29 Cf. John Nugent, *Nervos, preocupações e depressão*, Quadrante, São Paulo, pp. 9-11.

que deu um médico ao seu paciente angustiado: "Quero que você pense na sua vida como se fosse uma ampulheta. Você sabe que há milhares de grãos de areia no alto da ampulheta e que esses grãos passam lenta e regularmente pelo estreito canal que há no meio. Nada que você ou eu possamos tentar — ao menos sem estragar a ampulheta — consegue fazer com que um grão de areia a mais venha a passar por esse estreito canal. Quando começamos o nosso dia, há centenas de afazeres que sentimos ser nosso dever realizar, mas se não tomarmos um de cada vez e não os deixarmos passar lenta e regularmente ao longo das horas, como fazem os grãos de areia, então estamos destinados a romper a nossa própria estrutura física e mental".

— *Saber fechar o dia.* Temos de saber terminar cada dia com paz. Fechar o dia como se fecha a porta do escritório para dizer-lhe: "Tchau, amanhã voltarei a ver-te; fica em paz com os teus papéis, que eu ficarei em paz com a minha consciência".

Um amigo meu, muito tranquilo e muito eficiente, explicava o que fazia todos os dias: pegava a folha da agenda correspondente àquele dia, riscava o que tinha feito e, depois de passar para a folha do dia seguinte o que faltava por fazer, arrancava a folha, fazia uma bolinha e, com ar de ritual, lentamente, jogava-a no lixo como a bola na cesta do jogo de basquete, enquanto dizia sorrindo: "Amanhã será outro dia". Comentava: "Isto dá-me muita paz e lembra-me o que está escrito no Evangelho: *Basta a cada dia o seu cuidado*".

Para pautar a vida por estes conselhos, é necessário que saibamos todos os dias recolher-nos, fazer um breve exame de consciência. É muito recomendável olhar para a bússola interior e verificar a rota. Assim saberemos *aceitar a vida como ela é* e conseguiremos uma paz e uma serenidade imensas.

A ORAÇÃO: UM MANANCIAL DE PAZ

Ao longo destas páginas, fomo-nos referindo com frequência à oração como meio de conseguir a paz. A oração, com efeito, é o grande manancial da paz, que vai enchendo pouco a pouco o lago sereno, extenso e profundo da nossa alma.

Mas como e por que a oração nos dá paz e equilíbrio? É por acaso uma espécie de fármaco válido para curar qualquer doença anímica ou espiritual, uma espécie de panaceia de onímodo poder curativo? Não. A oração não é um remédio de algibeira que se distribui a torto e a direito, não é uma "formuleta" que se recomenda de maneira protocolar. É algo muito sério. Por quê? Porque fazer oração é entrar em relação com o Alfa e o Ômega, o Princípio e o Fim, com a Sabedoria, o Poder e a Bondade infinitas: o coração humano dilata-se no diálogo com um Deus incomensurável que é ao mesmo tempo um Pai que nos ama acima de toda a medida.

Na oração, colocamo-nos perante esse Pai de poder infinito e dEle indagamos o sentido da vida, da alegria e da dor, da morte e da eternidade. E Ele, de uma forma ou de outra, vai-nos dando a resposta. Nela, encontramos assim a orientação do nosso destino, o lugar que ocupamos no plano da criação, a melodia que devemos interpretar nesse extraordinário concerto do universo. E, ao sentirmos a nossa vida pulsar com a vida de Deus, experimentamos a alegria e a paz de saber que estamos no caminho certo da nossa plenitude eterna.

Lembro-me de Daniel um médico jovem, sereno, que parecia estar sempre em paz. Um colega dele contou-me um episódio insignificante que revela o perfil de uma personalidade que faz oração. Entraram juntos no quarto de um paciente. Mal os viu, o paciente pôs-se a reclamar com palavras extremamente grosseiras do tratamento que vinha recebendo no hospital. Daniel sorriu e disse-lhe serenamente: "Depois veremos como podemos mudar esse tratamento que o faz sofrer tanto; agora vamos tomar-lhe a pressão". O doente acalmou-se imediatamente. O colega, admirado, perguntou-lhe depois por que não tinha repreendido o paciente. Ele respondeu: "É um pobre homem que sofre de solidão e por isso descarrega a sua mágoa no primeiro que encontra; se um mal-humorado num quarto já é ruim, por que haveria de acrescentar outro com a minha irritação?" E concluiu: "Sabe como consigo ficar calmo? Fazendo todos os dias, antes de vir para o hospital, um pouco de meditação. E procuro manter-me nesse clima o dia todo. É formidável! É para mim como um filtro: só deixa passar o que é bom".

A oração restabelece em nós o equilíbrio e a paz em face das situações que habitualmente nos angustiam: tudo encontra o seu lugar, tudo alcança o seu sentido, tudo passa a estar "encaixado", ajustado. É como se nos colocasse nos "eixos". Quando uma peça está deslocada na maquinaria da vida, tudo range; quando entra novamente nos "eixos", tudo funciona com suavidade e sem estridências. A oração, além de prestar a Deus a honra e o louvor que merece, além de ser o veículo dos pedidos que fazemos a Deus e a maneira mais direta de explicitarmos as nossas ações de graças, cumpre também esta outra função indispensável: centrar-nos em nós mesmos e em Deus. E é isto precisamente o que nos dá a paz e alegria que são como o sinal característico de uma existência harmônica.

A experiência de um advogado irlandês

Assim o manifestou claramente um advogado irlandês, John Nugent, que superou de forma admirável as depressões de que sofreu durante muito tempo. As suas experiências estão contidas num livro notável: *Nervos, preocupações e depressão,* em que afirma de forma meridianamente clara:

> "Se não estamos contentes com a nossa vida, é porque há algo de errado conosco. Se nos sentimos miseráveis, é porque há algo de muito errado. A vida foi projetada para ser qualquer coisa de vibrante e cheio de paz e de alegria; se a consideramos como um fardo que tem de ser arrastado dia após dia, o problema está em nós. É verdade que existe uma teologia amarga, segundo a qual a vida não passa de um período de provações num vale de lágrimas, mas acreditar nisso — ou deixar de fazê-lo — depende somente de nós mesmos. A maioria das pessoas é tão feliz quanto decide ser. [...]

"A felicidade e a paz de espírito constituem o estado mais normal do ser humano; chegam a ser um direito de nascença. [...] No caso de você estar passando por uns maus momentos, semelhante afirmação poderá parecer-lhe demasiado ousada; mas só para que você veja que ambos jogamos no mesmo time, permita que lhe diga umas poucas palavras sobre mim mesmo.

"Durante mais de vinte anos, sofri de depressões clínicas. Em certa ocasião, os ataques chegaram a ser muito graves, beirando o pesadelo; foram necessárias tantas internações que alugar uma vaga permanente no hospital chegou a parecer-me um bom investimento... Apesar de eu ter recebido muita ajuda de profissionais dedicados, foi somente depois de me decidir a mudar determinadas atitudes e de passar a viver segundo certos princípios que a cura começou a realizar-se efetivamente.

"Sejam quais forem os problemas que tenhamos, podemos assumir uma destas duas atitudes: podemos *viver no problema* ou *viver na solução*. *Viver no problema* significa darmos voltas às nossas depressões e ansiedades, contarmos uns aos outros como são terríveis e, pior ainda, alimentarmos uns pelos outros uma espúria compaixão. Eu sei bem que isso não funciona. *Viver na solução* significa achar a saída e pôr em prática os meios que conduzem à cura e à felicidade, fazendo com que os problemas desapareçam. Eu sei que é assim porque fiz a experiência"[1].

Nós não podemos resignar-nos a viver melancolicamente no problema, mas temos que determinar-nos decididamente a viver na solução. "Temos de aplicar uma maciça injeção de esperança na nossa vida [...]. Temos de ter a convicção — reitera o autor — de que *a felicidade é nosso direito de nascença*, e de que a

1 John Nugent, *op. cit.*, pp. 5-8.

promessa de podermos encontrar a paz e a plenitude nas nossas vidas não é simples teoria, mas a intenção primária do mesmo Criador que estabeleceu a condição humana"[2].

E perguntaríamos: como podemos deixar de viver angustiosamente *no problema* e passar com determinação a viver diretamente *na solução*? Esse autor responde-nos de uma maneira muito simples e direta, transmitindo-nos a sua própria vivência: "*Abandonando-nos em Deus, fazendo da vida inteira uma oração*"[3]. Algo tão natural e espontâneo que se pode reduzir a uma expressão breve e concisa: *a confiança total em Deus*. O abandono completo nas mãos do Pai, que somente podemos atingir por meio da oração, é o melhor remédio para a ansiedade e a depressão.

Deus, como Pai que é, gosta de que lhe falemos. Santo Afonso de Ligório dizia que "Deus não costuma falar à alma que não lhe fala"[4]. Mas a oração não se resume a um monólogo cuja iniciativa fosse nossa; é um diálogo, e depois de termos falado a Deus, é preciso que lhe cedamos a palavra e passemos a ouvir. O nosso simpático advogado irlandês acrescenta:

> "*Deixe que Deus lhe fale por sua vez*. Gaste algum tempo sem fazer nada, sem pensar em nada, mas procurando ter consciência de que você é filho desse Pai. É impressionante quanta coisa se aprende assim, e a paz que se experimenta. Parece-me que, com demasiada frequência,

---

2 *Ibid.*, p. 20.

3 *Ibid.*, p. 44.

4 Santo Afonso Maria de Ligório, "Como conversar contínua e familiarmente com Deus", em *Obras ascéticas*, vol. I, BAC, Madri, pp. 316-317.

o que as pessoas chamam «oração» não passa de algazarra mental destinada a abafar a voz de Deus"[5].

Oração, paz e alegria

Nestes conselhos que acabamos de receber de um homem que superou um grave processo de depressão, aparece, pois, como elemento essencial, *fazer oração.* Apoiado na sua experiência e focando tudo do ponto de vista da higiene mental, ele chegou à mesma conclusão que nós: a oração põe a nossa vida nos "eixos", consegue centrar-nos, ajustar-nos em nós mesmos e em Deus, dando-nos a "tranquilidade na ordem" e, com ela, a paz.

Mas há mais: a oração é a nascente originária da paz, não apenas porque nos coloca no lugar que nos corresponde na ordem estabelecida pelo Criador, mas porque nos introduz nos braços amorosos de um Pai que nos ama infinitamente e, além disso, tem um poder ilimitado.

Deus é amor (1 Jo 4, 8). Deus criou-nos por amor e criou-nos para amar. Estamos destinados a uma felicidade eterna que dimana do Deus-Amor. Quando fazemos oração, lançamo-nos na corrente que nos impulsiona para Deus pelo amor. Ora, o amor constrói-se pela comunicação entre o eu próprio e o tu do outro, como nos vieram recordar os filósofos personalistas. E o austríaco Ferdinand Ebner, um dos pioneiros dessa filosofia, sustenta de maneira categórica que, em primeiro lugar, o *eu* só se realiza

5 John Nugent, *op. cit.*, pp. 46-47.

na comunicação com o *tu* através da palavra; e, em segundo lugar, essa comunicação amorosa só se eleva à sua mais alta categoria quando se dá entre o *Tu* por antonomásia — o Deus que é amor — e o *eu* da pessoa humana —, e é isso precisamente o que se realiza na oração[6].

Também Maurice Nédoncelle, considerado o "metafísico do personalismo", é taxativo: "Amor e personalidade são conceitos que se exigem mútua e intrinsecamente. A interação entre o amor infinito de Deus e a pessoa é elemento constitutivo da personalidade humana"[7].

É surpreendente que tanto o pensamento filosófico como as considerações práticas de um advogado que superou a depressão cheguem à mesma conclusão a que também se chega por uma reflexão espiritual: a alegria e a paz — a felicidade e a realização do nosso ser — são fruto dessa profunda comunicação entre Deus e o homem, dessa íntima relação amorosa com a fonte da nossa existência; o homem deixa de sentir-se perdido, sem finalidade, destinado ao fracasso ou exposto à mercê da fatalidade. Por isso se compreende também que o Apóstolo Tiago diga: *Tristatur aliquis vestrum? Oret!* (Tg 5, 13) — "Alguém está triste? Faça oração!" É um conselho inspirado diretamente por Deus.

---

6 Cf. Ferdinand Ebner, "La palabra y las realidades espirituales", Viena, 1919, cit. em Teofilo Urdanoz, *Historia de la filosofía*, vol. VIII, BAC, Madri, 1998, pp. 411-412.

7 Cf. Jean Lacroix, "La philosophie chrétienne de M. Nédoncelle", p. 115, cit. em Teofilo Urdanoz, *Historia de la filosofía*, vol. VIII, pp. 399-400.

Ou seja, a vida de oração, por um lado, e a alegria e a paz, por outro, são diretamente proporcionais. Não duvidemos: quanto mais oração, mais paz e mais alegria. As almas de oração são felizes — diz Santo Agostinho — porque "trazem Deus em si; a sua alma é um céu de alegria, porque Deus habita nela"[8].

Vejamos isto mesmo de mais outro ângulo. O homem tende natural e instintivamente para a felicidade e, sendo Deus a plenitude da felicidade, o homem tende necessariamente para Deus: é naturalmente religioso, essencial, metafisicamente religioso. Virar as costas a Deus, olhá-lo com indiferença contraria o seu ser íntimo e, nessa medida, não pode em última instância dar-lhe a paz. Religião significa precisamente um *ligar* e um *religar-se* com Deus, em quem o ser humano encontra a sua verdadeira expansão e, portanto, a única paz verdadeira. E isso se consegue fundamentalmente através da oração.

Num determinado momento, por um ato criador de Deus, saímos dessa incomensurável fogueira de amor que é Ele, como uma pequena faísca, e continuamente sentimos insondáveis saudades de mergulhar novamente nesse fogo, que envolve e transforma o nosso ser como o ferro introduzido na fornalha. E a forja onde arde essa fornalha de Deus é novamente a oração.

Necessitamos de Deus como necessitamos de ar, de alimento e de água, e, quando de alguma maneira não o temos conosco, sentimo-nos asfixiados, famintos,

8 Santo Agostinho, *Enarrationes in Psalm.*, 22.

sedentos. Mergulhando em Deus, mergulhamos nos nossos mais profundos anseios. *A oração é esse mergulho*. Quando não há oração, os homens sentem-se inquietos, como a corça sequiosa quando não encontra a fonte de águas límpidas que procura. E é por isso que no mundo não há paz (cf. Sl 62).

Aqui está tudo. O homem deveria tomar consciência de que aqui está tudo. Se o compreendesse, não se sentiria tão insatisfeito, tão irrequieto e angustiado, tão inseguro e deprimido. Toda a sabedoria, toda a pedagogia humana consistem em ensinar esta verdade tão simples e tão ignorada: na oração, encontramos a Deus e, tendo Deus, temos tudo. É o que gostava de repetir São Francisco de Assis: *"Meu Deus e meu tudo"*.

Os homens de Deus, que marcaram os caminhos da espiritualidade cristã, não falam da grande "conveniência" da oração, mas da sua *necessidade* absoluta, do seu caráter *indispensável*, como indispensável é alimentar-se ou respirar[9]. Assim o afirma claramente Santa Teresa de Ávila: "Só há um caminho para chegar a Deus: a oração; se vos indicarem outro, enganam-vos"[10].

Conta Pilar Urbano que São Josemaria Escrivá disse em certa ocasião: "Eu não estou apenas com o padre Javier [que o acompanhava] e convosco. Estou fazendo oração. Estou na presença de Deus. E isto não exige de mim um grande esforço: é como o palpitar do coração. Mas assim como, se o coração para, sobrevém a morte, se chegasse a perder um só minuto da visão

9 Cf. Luiz Fernando Cintra, *Como orar?*, Quadrante, São Paulo, 1996, p. 5.

10 Cit. por Jean Daujat, *Viver o cristianismo*, Aster, Lisboa, 1973, p. 63.

contemplativa, eu me afundaria. Por isso, ainda que às vezes haja motivos, nunca perco a serenidade por mais de dois minutos: recupero-a logo".

A oração é também o grande *escudo protetor* que defende o estado de paz e serenidade dos homens de Deus perante os perigos e contrariedades; é a consciência que têm — ou sempre renovam — da presença do Pai infinitamente bom e poderoso: *Dominus iluminatio mea et salus mea quem timebo?*, "O Senhor é a minha luz e salvação; a quem temerei?" (Sl 27, 1).

Recordemos que, quando as duas torres do World Trade Center desabaram, no mês de setembro de 2001, implodidas por dois aviões suicidas, parece que também desabou uma falsa segurança fundamentada na autossuficiência humana: nunca em Nova York se rezou tanto. Parece que, com a implosão desses símbolos do poder econômico, abalou-se a paz precária de um mundo que já padecia de uma endêmica insegurança. Mas devemos perguntar-nos: será necessário que aconteça uma catástrofe para nos aproximarmos de Deus, quando a nossa vida é tão frágil que está na simples dependência de um espasmo das nossas artérias ou de uma pequenina gota de sangue coagulada no nosso cérebro? É significativo que, seis meses antes desses terríveis atentados, João Paulo II nos tivesse alertado: *"Um cristão sem oração é um cristão que corre perigo"*[11].

Já o escrevia em 1960 Werner von Braun, o cientista alemão que abriu ao homem os espaços interplanetários: "Nesta época de voos espaciais e explosões

11 João Paulo II, *ibidem*.

nucleares, é preciso conseguir uma atmosfera ética e moral que governe o nosso controle de poder. Mas só o poderemos conseguir se dedicarmos muitas horas a essa concentração profunda que chamamos de oração. Eu me pergunto: queremos fazê-lo assim? É necessário esforçar-se por consegui-lo. A oração pode chegar a converter-se num trabalho realmente duro. Mas a verdade é que é o trabalho mais importante que podemos realizar no momento atual"[12].

Como que resumindo todas estas ideias, João Paulo II, na Carta Apostólica *Novo Millennio Ineunte*, em que dava as orientações fundamentais para o início do terceiro milênio, dizia lapidarmente que daqui para a frente será cada vez mais necessário "um cristianismo que se destaque, antes de mais nada, pela *arte da oração*"[13].

Depressão, ansiedade e oração

Apesar de já nos termos referido aqui à depressão, parece-nos conveniente insistir neste tema de uma forma específica e singular.

No dizer de um especialista na matéria, o Dr. Carlos Cardona, acadêmico da Real Academia de Medicina de Valência (Espanha), a depressão, segundo a opinião generalizada dos psiquiatras, foi a enfermidade por antonomásia do século XX e tudo leva a crer que, no século XXI, esse quadro há de continuar o mesmo, se levarmos em consideração

12 Cit. por D. Elcid, *El Hermano Francisco*, BAC, Madri, 1981, p. 109.

13 João Paulo II, *Novo millennio ineunte*, 17.03.2001, n. 32.

que permanecem as causas que o provocam: isto é, a insegurança familiar causada pelas rupturas conjugais que abalam tanto os esposos quanto os filhos, a insegurança econômica e social e especialmente a falta de suporte psicológico criada pela perda dos valores que dão sentido à vida[14].

Com efeito, grande número de transtornos psíquicos deriva da repressão dos valores do espírito. Já o dizia Chesterton: *O natural, sem o sobrenatural, desnaturaliza-se*. É uma realidade que pode ser comprovada no nosso meio, pois a cada passo encontramos ao nosso lado pessoas deprimidas. Mas não se trata de uma doença *moderna*. Acompanha o homem desde sempre. Bem é certo que a ausência de Deus, como fenômeno social do nosso tempo, tem sido indubitavelmente um fator multiplicador desse mal, mas a verdade é que sempre esteve no íntimo do ser humano. Basta recordar aquelas palavras do Salmo, escritas bem antes da era cristã: *Por que te deprimes, minha alma, e te inquietas dentro de mim*? (Sl 41, 66).

Enquanto *estado patológico de abatimento e de tristeza perante a vida*, a depressão pode ter diferentes manifestações: a inquietação, a angústia, a perturbação por causas não relevantes, o sentimento de abandono, de pessimismo, de insegurança, de intranquilidade, a perda da autoestima, a falta de interesse pela vida, pelo estudo, pelo trabalho, pela convivência social, pela família... Tudo parece difícil, desanimador, desmotivante, fonte de temores e apreensões...

14 Cf. entrevista do Dr. Carlos Cardona publicada na revista *Mundo Cristiano*, Madri, junho de 2001.

Bem sabemos que a depressão muitas vezes tem uma origem biológica ou adquire uma dimensão fisiológica que exigem tratamento médico adequado; mas também sabemos que atuam outros fatores relacionados com modos equivocados de comportar-se ou de pensar, como as *reações inadequadas* diante de *experiências negativas do passado* — a falta de carinho dos pais ou a sua separação, os traumas, as decepções e os fracassos... —, de *perdas que parecem irrecuperáveis* — a morte de um ente querido, a frustração de uma relação amorosa, o desemprego... —, e de *situações aflitivas do cotidiano* — conflitos afetivos, crises conjugais, desentendimentos com os filhos, sentimentos de solidão, doenças, cansaço e *stress*...

Não pretendemos nestas páginas fazer o papel do psiquiatra; diante de uma depressão, sempre convirá consultar um bom profissional médico, experiente e sensato. O que nos interessa aqui é descobrir de que maneira a fé pode ajudar a superar as causas não fisiológicas da situação de abatimento.

Jesus, no Getsêmani, atinge um limite máximo de tristeza e angústia: *A minha alma está numa tristeza mortal* (cf. Mt 26, 38). Mas foi então que nos ensinou como podemos sair dos nossos estados de prostração: orar. Orar como Ele orou, *prolixius*, mais intensamente (cf. Mc 14, 39). E acima de tudo aceitar, como Ele, que não se faça a nossa vontade — pois é isso o que, acima de tudo, nos deprime —, e sim a do nosso Pai: *Aba! (Pai!), suplicava ele. Tudo te é possível; afasta de mim este cálice! Contudo, não se faça o que eu quero, mas o que tu queres* (Mc 14, 36).

As atitudes que nos podem ajudar a superar a dimensão espiritual das depressões seguem essa mesma linha, uma linha que se orienta nessas duas direções complementares. A primeira convida-nos a *fugir de nós mesmos*, a não nos concentrarmos negativamente nos nossos problemas, lembrando-nos de que muitos já sofreram maiores aflições que nós, que o próprio Cristo transpirou sangue no Horto das Oliveiras ante a iminência da sua paixão. A segunda inclina-nos a *abandonar-nos em Deus*, numa atitude de absoluta confiança. Leva-nos a recordar aquelas palavras do Senhor: *Vinde a mim todos os que estais angustiados e sobrecarregados e eu vos aliviarei* (Mt 11, 28).

Não podemos deixar-nos hipnotizar pela aflição: temos de lançar o nosso olhar em outra direção, fitar as pupilas amabilíssimas do Senhor para permitir que Ele nos transmita a sua paz, a sua segurança, o seu destemor..., e abrir os nossos ouvidos na oração para escutar o seu chamado. Se, no meio dos nossos estados de angústia clamarmos ao Senhor, Ele jamais deixará de estender-nos a sua mão para nos socorrer.

Será preciso substituir a "ladainha pessimista" do "homem velho" que martela na nossa cabeça — "Não consigo! Não tenho forças! Sou um nada! Ninguém precisa de mim! Que vai ser de mim?", etc. etc. — por uma outra, feita de palavras de confiança e abandono. A Sagrada Escritura fornece-nos inúmeras expressões que podem servir-nos: *O meu Deus há de prover magnificamente a todas as minhas necessidades* (cf. Fl 4, 19).*Confia-lhe todas as tuas preocupações porque Ele tem cuidado de ti* (cf. 1 Pe 5, 7). *Não tenhas medo, sem a sua permissão não cairá um só cabelo da tua cabeça* (cf. Mt 10, 29-31). *Sê firme e corajoso. Não te atemorizes, não tenhas medo, porque o Senhor está contigo em qualquer parte para onde fores* (Js 1, 9).

Também os personagens da Sagrada Escritura nos fornecerão exemplos vivos dessa atitude. Essa paz, essa coragem e segurança, sem ansiedades, temores e angústias, eram o que sustentava Davi: *O Senhor é a minha luz e a minha salvação, a quem temerei? O Senhor é o protetor da minha vida, de quem terei medo? Se todo um exército acampar contra mim, não temerá o meu coração. Se se levantar contra mim o perigo de uma batalha, mesmo assim terei confiança* (Sl 26, 1-3).

> "Era a fé de Davi — escreve Dougherty — que o encorajava a vencer o medo todas as vezes que passava pelo *vale escuro* das incertezas. Davi mostra-nos que, mesmo em situações aterradoras, tinha confiança em que Deus estava com ele. A sua fé suscitava uma esperança, uma certeza de vitória que espantava o medo, mesmo nas condições aparentemente mais insuportáveis.
>
> "E como conseguia Davi ter tanta fé, tanta confiança na proteção divina?
>
> "Através da oração constante e frequente, que se intensificava ainda mais nos momentos de angústia e de aflição. No Salmo 60, fugindo dos inimigos, reza suplicante: *Ouvi, ó Deus, o meu clamor, atendei a minha oração. Dos confins da terra clamo a Vós, quando me desfalece o coração. Haveis de me elevar sobre um rochedo e dar-me descanso. Porque Vós sois o meu refúgio, uma torre forte contra o inimigo* (Sal 60, 2-3).
>
> "No salmo 140, no meio da tribulação reza: *Senhor, eu Vos chamo, vinde logo em meu socorro, escutai a minha voz*

quando Vos invoco. Que a minha oração suba até Vós como a fumaça do incenso (Sl 140, 1).

"E depois da vitória sobre os inimigos, explode em louvores no belíssimo Salmo 17, cantando: *Na minha angústia, invoquei o Senhor, gritei para o meu Deus: do seu templo, Ele ouviu a minha voz e o meu clamor chegou aos seus ouvidos* (Sl 17, 7).

"Deus ama-nos a todos sem distinção. Vamos portanto — continua a dizer Dougherty — invocar a sua proteção, afastando assim definitivamente o medo e a ansiedade das nossas vidas. Não deixemos de rezar confiantes como Davi, nos momentos de angústia e depressão. A fé na oração libertar-nos-á dos traumas e aflições. A oração é a nossa maior arma contra o medo e a ansiedade"[15].

Cada um de nós, guiado pelo Espírito Santo, acrescentará as suas próprias orações espontâneas: "Pai, não permitas que eu seja dominado pela ansiedade; ensina-me a colocar todas as minhas preocupações nos desígnios da tua bondade amorosíssima. Eu te entrego todos os cuidados da minha vida: o futuro da minha família, do meu trabalho profissional, da minha saúde: *Em tuas mãos, Senhor, está a minha sorte* (Sl 31, 15-16). *Senhor, eu ponho em Vós a minha esperança... defendei-me, libertai-me... Sede uma rocha protetora para mim, um abrigo bem seguro que me salve* (Sl 30, 2-4)".

Oração e fé

Em sentido inverso, porém, concluiremos também que, quando a oração falha, é que falha a fé.

15 Eduardo Dougherty, "Ainda não tendes a fé?", em *Anunciamos Jesus*, outubro de 1992, p. 1.

E, quando falha a fé, é então que nos afundamos na angústia e no desespero. Bem poderíamos formular esta equação: *falta de fé + ausência de oração = medo*; e, em sentido contrário, *oração + fé = coragem*. Esta é a equação salvadora! A confiança em Deus acaba por empapar a nossa alma da paz que dimana daquelas palavras do Senhor: *Não tenhais medo dos que matam o corpo... Nem um passarinho cai sem a permissão do vosso Pai... Não temais, pois vós valeis mais que muitos pássaros* (cf. Mt 10, 25-31).

Antes disso, porém, não podemos esquecer que a graça não dispensa a natureza, que a oração não supre nem a prudência, nem o bom senso, nem o esforço pessoal. Temos que empenhar-nos a fundo em lutar contra o medo, como se luta contra um inimigo. E para isso é preciso começar por identificar as causas desse estado.

Uma das formas mais eficazes de consegui-lo é a *meditação* dos nossos problemas de fundo à luz do Espírito Santo. O Espírito Santo ajuda descobrir "o que de obscuro e inapreensível se oculta na alma"[16], diz-nos João Paulo II. Existe, acrescenta o Papa, uma "zona limite em que a consciência, a vontade e a sensibilidade do homem estão em contato com as obscuras forças do mal"[17]. Nessa zona crepuscular em que o nosso subconsciente, os traumas e os complexos do passado estão, por assim dizer, misturados com as realidades conscientes do presente e em contato com as *forças ocultas do mal*, é que aparecem

16 João Paulo II, *Reconciliatio et paenitentia*, n. 14.

17 *Ibid.*

os fantasmas, as inquietações, os medos indefinidos, as apreensões assustadoras...

Sim, é preciso esclarecer esse complexo mundo interior e desarmar todos os seus mecanismos, e para esse exame nada mais seguro e direto do que colocar-se sob a luz do Espírito Santo, que é *o Espírito de verdade*. Essa divina claridade pode iluminar alguns questionamentos que nos deveríamos fazer com frequência: Por que sinto tamanho receio de fracassar, de não ser bem-sucedido, de ficar doente, de não poder ganhar uma boa posição social, ou de não conquistar o amor de uma criatura com quem realmente possa ser feliz? Por que fico tão assustado ao prestar uma prova? Por que tenho tanto medo quando tenho de fazer um exame médico?...

O Espírito Santo pode vir a esclarecer-me que é, porventura, um orgulho excessivo o que me leva a temer um fracasso ou uma situação humilhante ou de risco; que é a falta de rijeza que me faz medroso ante a eventualidade de uma dor prolongada, mais imaginada que real; que é o meu comodismo que me torna apreensivo ante uma hipotética situação adversa... Normalmente, o que causa transtornos psicológicos é uma falha do caráter, pouco forte, egoísta, acomodado, etc. ... E é pela reflexão, iluminada pelo "doce hóspede da alma", que vamos reconhecendo as nossas limitações, dando o nome que merecem aos nossos complexos, traumas e temores: saberemos então desmascarar as "forças ocultas do mal", os fantasmas do nosso cérebro... E, uma vez conhecidos e identificados, todos esses males, reais ou suspeitados, virão a perder a sua virulência; desta forma, começaremos a ganhar objetividade, centraremos a luta e estaremos a caminho de ser curados.

A cura interior não é algo mágico. Deus não faz mágicas. Deus não premia a passividade apática. Antes de intervir, pede que façamos o que está ao nosso alcance: que, pedindo-lhe luzes, identifiquemos a nossa parte de responsabilidade nos estados de ânimo depressivos e agourentos, e pensemos nos meios espirituais e humanos de combatê-los, pondo-os em prática com energia e sem auto-comiserações.

Então poderemos ver feitas realidade as sentenças dos famosos "versinhos" de Santa Teresa:

Nada te turbe,
nada te espante,
tudo passa,
Deus não muda.
A paciência
tudo alcança.
Quem a Deus tem,
nada lhe falta:
Só Deus basta!

Um eminente especialista em Santa Teresa escreve em relação a esses pensamentos:

> "Teresa conservava uma cópia escrita a mão como marca do seu breviário para recitá-la em frequência, pois no fundo é uma oração [...] para pedir a Deus paciência, resignação e conformidade com a sua vontade. A Santa viu caírem sobre ela muitas tormentas, perseguições e trabalhos que pareciam esgotá-la e lançá-la por terra, ou ao menos abatê-la e enchê-la de desconfiança, ou,

em todo o caso, fazê-la duvidar e vacilar. Ainda que a grande reformadora do Carmelo soubesse tudo quanto se dizia nessa *letrinha,* sentia-se reconfortada e com novos ânimos quando a recitava, serenava-se e enchia-se de confiança em Deus.

"No fundo, mais do que um pedido de graças e forças ao Senhor, é uma exortação a si mesma para não se perturbar por nada nem por ninguém, para não se assustar com as coisas adversas, ainda que pareçam espantosas e sobrenaturais; para pensar que tudo neste mundo, grande ou pequeno, grato ou desagradável, doce ou amargo, *tudo passa* como o vento e se dissipa como a fumaça; para nunca achar, por muito que Deus nos aperte e se esconda da nossa alma, que Ele nos abandona e nos deixa à mercê das ondas e da tempestade; antes temos de crer que, quanto mais se nos oculta, mais perto de nós e conosco está, como amigo, como pai e como esposo. Não esqueçamos que *a paciência tudo alcança,* na terra e no céu, e que [...] nos é necessária porque só ela tem a promessa da vida eterna, e que na paciência possuiremos as nossas almas e conseguiremos o domínio e posse de nós mesmos"[18].

Uma experiência quatro vezes secular pôs de manifesto a extraordinária eficácia desses "versinhos" para devolver a paz e a serenidade a todas as pessoas atribuladas. Têm tanta força e tão soberana capacidade de tirar uma alma de um estado que poderia conduzir à depressão que, como diria a própria Santa, "só peço, por amor de Deus, que o experimente, que não acredite em mim, mas veja por experiência o grande bem que daí lhe virá"[19].

---

18 Angel Custódio Veja, OSA, *La poesía de Santa Teresa*, BAC, Madri, 1972, p. 108.

19 Santa Teresa de Jesus, *Livro da vida*, p. 68. A santa escreve estas palavras referindo-se a eficaz intercessão de São José.

Infância espiritual

Como vimos, a principal fonte das nossas ansiedades é, na maioria dos casos, a incerteza do que acontecerá no futuro: as incógnitas do dia de amanhã tornam-nos inseguros. E a causa última dessa incerteza — já o repetimos à saciedade — está em que não terminamos de crer que tudo está submetido à providência amabilíssima do Criador, que Deus, infinitamente poderoso e sábio, cuida de nós como o mais amoroso dos pais. Quando, porém, temos esse sentido transcendente, quando temos uma fé profunda, sabemos como reagir perante essas apreensões.

Para chegarmos a este clima de inteira confiança em Deus, é necessário que nos relacionemos com Ele, não apenas como filhos que respeitam o pai, que o veneram, que lhe fazem a vontade, mas com uma nota característica: como uma criança nos braços do pai ou no colo da mãe. Não é verdade que, "diante de Deus, que é eterno, tu és uma criança menor do que, diante de ti, um garotinho de dois anos"?[20]

Li em algum lugar uma história tocante. No meio de uma tempestade que fazia perigar um navio, encontraram um menino tranquilo, num canto, entretido nos seus jogos. Alguém perguntou-lhe: "Você não vê que todo o mundo está apavorado? Como você consegue manter tanta calma?" E ele simplesmente respondeu: "Eu não tenho medo. O meu pai é o timoneiro".

Lembremo-nos, neste amável sentido do abandono filial, de uma das considerações que faz, ao

20 São Josemaria Escrivá, *Caminho*, Quadrante, São Paulo, 2023, n. 860.

lado de muitas outras semelhantes, Santa Teresa do Menino Jesus, a Doutora da Igreja que fez consistir todo o seu itinerário para a santidade na via da infância espiritual:

> "Jesus compraz-se em mostrar-me o único caminho [...]; este caminho é o *abandono* da criancinha que se deixa adormecer sem temor nos braços do Pai... *Se alguém é* pequenino, *venha a mim* (Pr 9, 4), disse o Espírito Santo pela boca de Salomão, e esse mesmo Espírito de Amor disse ainda que *aos pequenos é concedida a misericórdia* (Sb 6, 7). [...] E, como se todas estas promessas não bastassem, o mesmo profeta, cujo olhar inspirado penetrava já as profundezas eternas, exclama em nome do Senhor: *Como a mãe acalenta o filho, assim eu vos consolarei, vos trarei ao colo e vos acarinharei sobre os joelhos* (Is 66, 13). [...] Jesus não pede grandes ações, mas apenas o abandono e o reconhecimento"[21].

A forte e profunda teologia de São Paulo corre pelos mesmos trilhos da suave e afetuosa teologia de Santa Teresa de Lisieux: fala-nos da paz que provém do abandono de todas as nossas preocupações em Deus e aconselha-nos: *Não vos inquieteis com nada* (Fl 4, 6a). Não é que o Apóstolo afirme que não teremos motivos para nos inquietarmos. O que nos quer dizer, encontramo-lo nas palavras que vêm logo a seguir: *Em todas as circunstâncias, apresentai a Deus as vossas preocupações mediante a oração* (Fl 4, 6b).

Mediante a oração! Mas há de ser, não apenas a oração da criatura que adora e reverencia o seu Criador, que

21 Santa Teresa do Menino Jesus, *Manuscritos autobiográficos*, Apostolado da Imprensa, Porto, 1960, pp. 222 e 223.

se lhe submete e lhe pede coisas por reconhecer que *nEle vivemos, nos movemos e existimos* (At 17, 28); nem mesmo a oração de um filho adulto, que venera e ama os pais, mas que de qualquer modo tem de construir por si a sua vida. Tem de ser a oração da criança que em tudo se deixa conduzir porque ainda não fala, não anda, nada conhece, nada pensa: não tem nenhum futuro com que sonhar ou preocupar-se, mas apenas o presente que vive em plena docilidade.

Este é, sem dúvida, o único gênero de oração que verdadeiramente nos leva a extravasar e aquietar todas as nossas preocupações, e que constitui o grande *transformador* capaz de converter um quadro de angústias deprimentes num estado de ânimo plácido, sereno, tranquilo. Quando a nossa oração é como a entrega aberta e confiante de uma criança, incapaz e inerme, aos cuidados de seu pai, então Deus, enternecido, não pode deixar de ajudar-nos. Neste ponto, a doutrina de Santa Teresinha é um eco da doutrina paulina.

Aqui é bom recordar aquela oração da serenidade tão conhecida: "Senhor, dá-me serenidade para aceitar as coisas que não puder mudar, coragem para mudar as que puder, e sabedoria para reconhecer a diferença". É na oração que aprendemos essa sabedoria: viver entregues a nós mesmos e à nossa mera capacidade humana significa tanto como debater-nos na ansiedade; porém, entregar a Deus tudo aquilo que nos preocupa e que nós não podemos superar, num ato de plena confiança, é arribar ao porto seguro da paz.

Orar como um filho pequeno não é fácil. Quando nos pomos em silêncio para conversar com Deus, é fácil que nos assaltem distrações ligadas às nossas ocupações e responsabilidades. É como se o nosso espírito estivesse à espreita desse momento de serenidade para trazer-nos à imaginação mil problemas que nos envolvem. Em muitos casos, o ritmo do trabalho imediato não permite parar para pensar, e o nosso espírito tende a aproveitar esses momentos de "ócio" para considerar o que deveria ser objeto de reflexão em outro momento. Não nos damos conta de que esse espaço para a oração é espaço exclusivamente para Deus.

A este propósito, vale a pena refletir nas considerações que o fundador do Opus Dei fazia na última quadra da sua vida, sintetizando a gigantesca batalha que travara para transmitir *o carisma do ordinário* de que Deus o fizera depositário: uma revolução copernicana nos campos teológico, ascético, jurídico, apostólico, para trazer institucionalmente ao homem da rua o ideal de santidade na vida corrente. Dizia assim São Josemaria Escrivá, em dezembro de 1972:

> "Há épocas em que a minha oração e a minha mortificação consistem em viver continuamente nEle [em Deus]: abandono-me em Ti! Não penso como homem. Entrego-me absolutamente nas mãos de Deus. É duro, porque a alma põe em ação as potências que Ele nos deu para caminhar. E chegam momentos em que é necessário prescindir da memória, render o entendimento, dobrar a vontade. É duro, repito, porque essa atividade da alma é lógica, como o relógio que tem corda e faz necessariamente tic-tac. Isso, às vezes, é muito duro, já que significa chegar aos setenta anos numa infância real: não me preocupo nem de espantar as moscas

nem de que me deem o peito. Alguém o fará. Ponho-me nos braços de meu Pai-Deus, recorro à minha Mãe Santa Maria e confio plenamente, apesar da aspereza do caminho"[22].

22 Javier Echevarría, *Recordações sobre Mons. Escrivá*, Quadrante, São Paulo, 2001, p. 195.

A FAMÍLIA, UM REMANSO DE PAZ E DE ALEGRIA

A paz, como a alegria, é uma virtude necessariamente comunicativa. A plenitude de uma personalidade construída sobre a paz transborda e comunica-se. Tem ressonâncias familiares e sociais, como veremos a seguir.

A vida de piedade no lar

Deveríamos dizer tantas coisas neste capítulo que se torna impossível sequer enumerá-las. Limitar-nos-emos a transcrever umas palavras do papa Paulo VI recordadas por João Paulo II. São eloquentíssimas na sua brevidade:

> "Vocês ensinam às suas crianças as orações do cristão? Preparam os seus filhos, de comum acordo com os sacerdotes, para os sacramentos da primeira idade: Confissão, Comunhão, Confirmação? Acostumam-nos, se estão doentes, a pensar em Cristo que sofre, a invocar a ajuda de Nossa Senhora e dos santos? Recitam o terço em família? Sabem rezar com os seus filhos, com toda a comunidade doméstica, ao menos de vez em quando? O exemplo que derem com a sua retidão de pensamento e de ação, apoiado em alguma oração em comum, valerá por um ato de culto de mérito singular. Desse modo,

levam a paz ao interior dos muros domésticos: *Pax huic domui*. Lembrem-se de que assim edificam a Igreja.

"*Pax huic domui*: a paz esteja nesta casa. São as palavras que o sacerdote pronuncia ao entrar numa casa quando leva a comunhão a um doente. E é isto o que agora, ao terminar estas considerações sobre a família, gostaria de vos dizer: que a paz entre na vossa família, que a paz permaneça na vossa família, que a paz penetre em cada um dos recantos do vosso lar, para que ele se torne como uma ressonância do lar de Nazaré"[1].

Em 1 de janeiro de 2008, dizia o papa Bento XVI, lembrando a mensagem do Dia Mundial da Paz: "Quero deixar clara a relação direta que existe entre a família e a paz no mundo. O mesmo amor que constrói e une a família é o que favorece a solidariedade e a colaboração entre os povos da terra [...]. Aqueles que são hostis à instituição da família, mesmo inconscientemente, tornam a paz frágil para toda a comunidade nacional e internacional".

Na mensagem do *Ângelus* desse 1º de janeiro, Bento XVI sublinhava também:

"Precisamente, no nome de Maria, Mãe de Deus e dos homens, desde há quarenta anos, celebra-se no primeiro dia do ano a *Jornada Mundial da Paz*. O tema que escolhi para essa ocasião é «Família humana, comunidade de paz». O mesmo amor que edifica e mantém unida a família, célula vital da sociedade, favorece essas relações de solidariedade e de colaboração entre os povos da terra, que são próprios dos membros da única família humana. [...] Dá-se, portanto, uma íntima relação entre

---

1 João Paulo II, Exortação Apostólica *Familiaris consortio*, n. 60.

> família, sociedade e paz. Quem dificulta a instituição familiar, ainda que seja inconscientemente, faz com que a paz de toda a comunidade, nacional e internacional, seja frágil, porque debilita o que é verdadeiramente a principal «agência» de paz"[2].

Não pode haver palavras mais expressivas para manifestar que a harmonia social está estreitamente vinculada à paz que deve reinar em cada família.

A família, célula vital da sociedade, é a fonte originária da paz no mundo. Se não há paz na família, não haverá paz no mundo. Se as famílias forem um amável remanso de paz e de alegria, o mundo converter-se-á num oceano de paz.

Os homens apreendem os valores fundamentais da vida na família. A paz dos nossos corações tem o seu embrião no seio da família. Daí a importância que tem o cultivo da paz, em todas as suas dimensões, na vida do próprio lar.

As causas dos conflitos familiares

Por que é tão difícil encontrar famílias que vivam realmente em paz? Qual será a causa principal das desavenças familiares? Entre outras muitas, há duas que são como grandes canais cujas águas poluídas tumultuam esse "remanso de paz" que deve ser cada família: o *orgulho* e o *egocentrismo*. Ambos se intercomunicam e interagem.

2 http://www.zenit.org/article-17167?l=portuguese.

O orgulho

O *orgulho*, o amor próprio, a autossuficiência, levam a uma supervalorização do próprio "ego", a uma estima excessiva da própria excelência. Daí decorrem, como derivativos naturais, o desejo exorbitante de sobressair, de aparecer; a tendência a sentir-se superior aos outros; a aversão a qualquer coisa que diminua a própria personalidade ou tire brilho à imagem pessoal; o prurido de querer sempre ter razão...

Na vida familiar, esse vício traz consigo muitas consequências nefastas, como a de esconder os defeitos, dissimular as limitações, fingir virtudes que não se têm, falar demais dos próprios êxitos, silenciar os fracassos..., o que acaba por criar um clima que favorece os conflitos e os atritos.

Tinha eu um tio a quem nós, os sobrinhos, apelidávamos de tio "*yo-yo*" (*yo*, como se sabe, em espanhol, corresponde ao "eu" português). Pusemos-lhe essa alcunha porque parecia aquele brinquedo "iô-iô" que sai da mão e volta novamente para ela, num divertido jogo de elasticidade de ida e volta... Assim, o meu tio saía e voltava sempre para si próprio: "Porque *yo*, quando estive em Paris... Quando *yo* ganhei aquela causa jurídica tão difícil... Quando *yo* venci aquela competição esportiva..." O *yo* era o seu referencial permanente. Nós, garotos, divertíamo-nos com essa insistente monotonia, mas víamos que isso provocava um grande mal-estar na família: monopolizava as atenções, açambarcava as conversas, acabava irritando a todos...

O prêmio Nobel de Literatura Jacinto Benavente dizia num dos seus poemas: "*Eu... eu... eu...*, sempre *eu*... Só os que amam sabem dizer *tu*". Só os que amam sabem quebrar o espelho que reflete o *eu* para encontrar, por trás dele, o rosto do *tu*: do cônjuge, dos pais, dos filhos... Só poderá haver harmonia numa família quando os seus integrantes souberem dizer *tu*, ou *você*... "— Você está hoje um pouco cansado", comenta a esposa. "— Não, é você que precisa descansar neste próximo fim de semana", diz o marido..." E ambos: "— A Jéssica anda um pouco triste: será que tem algum problema com o namorado?... O Alex parece muito nervoso, acho que não se está saindo bem nas provas de fim de ano..." O coração tem de estar nos outros, tem de valorizá-los e estimulá-los se se quer que haja paz e harmonia na família.

Ainda que o seu campo de aplicação mais frequente seja na ordem do convívio profissional e social, vale a pena alertar para outra fonte de conflitos, derivada do orgulho, que também ameaça a paz familiar. Quem procura sempre enaltecer a sua figura tende, paralelamente, a diminuir a personalidade dos outros. Assim como um homem é alto ou baixo de acordo com um referencial, assim a "altura" da sua personalidade é medida muitas vezes pelo contexto humano que a rodeia. Por isso, invejam-se habitualmente as pessoas que "elevam o nível": o primeiro da classe, o artista genial, a pessoa bem sucedida, o executivo jovem e brilhante... Pela sua projeção, essas pessoas "fazem sombra". E surge o secreto desejo de que brilhem menos, de que de alguma maneira falhem: é a *inveja*, tristeza pelo sucesso alheio, alegria pelos erros que os outros cometem.

Daí brotam o espírito crítico e todas as suas sequelas que, como colônia de fungos, infestam a vida de relação: a murmuração, a difamação, a maledicência, a detração, a calúnia, o menosprezo, o mexerico. A crítica tende a diminuir os outros, a rebaixar o referencial para elevar quem a faz. É por isso que se criticam, repetimos, as pessoas e as instituições devotadas ao bem-comum. "Só se jogam pedras na árvore que dá frutos". É a atitude da tia solteirona que fala mal do namoro da sobrinha; ou dos que criticam a mãe de família numerosa ou o funcionário honesto, o cristão coerente, o marido fiel, apelidando-os de exagerados, "quadrados" ou "fanáticos"...

A frustração, a impotência, a incapacidade manifestam-se aqui em forma de crítica ou de ironia. Entre a ira e a ironia, há algo mais do que uma semelhança fonética; há uma analogia substancial. Todo o irônico é no fundo um agressivo que não se atreve a manifestar abertamente a sua crítica e recorre à máscara do falso humorismo. Denota um fundo perverso mais desagradável que a agressão direta, o insulto ou a crítica franca.

A ironia é a arma dos covardes. É isso que explica, por exemplo, a frequência com que se maneja essa arma na ausência da pessoa visada, impedindo-a de se defender. A clandestinidade, a ação sorrateira, as alusões indiretas são todas elas um escudo protetor da covardia do homem irônico.

É bom estarmos prevenidos: em ponto pequeno, tudo isto pode ameaçar a paz na família, semeando alfinetadas verbais, silêncios acusadores, sorrisos de superioridade, que causam penosos constrangimentos e envenenam um convívio que deveria estar exclusivamente feito de compreensão e carinho mútuos.

O egocentrismo

O outro canal de águas que poluem o límpido remanso familiar é o *egocentrismo*.

O egocentrismo é uma atitude absorvente que enxerga tudo através de um único prisma: o proveito pessoal. Poderia ser comparado a um câncer que devora tudo o que o rodeia ou a um imenso polvo que arteiramente envolve e atrai para si as vítimas que caem dentro do seu raio de ação.

O egocêntrico vive de uma lógica estranha: tudo o que entra no campo dos seus interesses deve entrar no campo dos interesses dos outros. O que é do seu agrado deve ser do agrado de todos. A sua dor é a dor da família ou do mundo inteiro. O relógio da sua vida cronometra o ritmo dos outros. O critério do "para mim" preside a todas as suas tomadas de posição: "Este acontecimento, aquela circunstância, essa pessoa, que utilidade podem ter *para mim*?" Esta é a sua eterna pergunta.

Em maior ou menor grau, e às vezes sem o perceber, o egocêntrico serve-se dos outros ou explora os outros. De certa forma, é um parasita. Não é difícil vê-lo na vida de família aproveitando-se do espírito de serviço dos que o rodeiam; pedindo com facilidade ajudas e favores; procurando para si o melhor, seja nas tarefas do lar, nos momentos de descanso ou divertimento, nas refeições; cochilando no seu comodismo; fazendo prevalecer os seus duvidosos direitos ou correndo atrás deles de forma revanchista, quando de algum modo se sente preterido; apegando-se às coisas materiais, ao conforto pessoal, à comodidade até às fronteiras da mesquinhez...

Com não pouca frequência o egocentrismo egoísta está mascarado de amor. Na sua *Carta às famílias*, João Paulo II convida-nos a perguntar-nos se "o egoísmo que se esconde mesmo no amor, não acaba por ser mais forte do que o amor"[3]. Como escreve Von Gebsattel, "debaixo da bandeira do amor, navegam muitas fragatas do egoísmo"[4].

Se observarmos atentamente, veremos que, quando se fala de amor, amiúde esse amor é simples vaidade, ou uma forma de autoafirmação, ou uma maneira de satisfazer uma necessidade afetiva ou sexual, ou uma espécie de compensação de outras carências.

Por isso se pode dizer que, muitas vezes, o amor não é um antídoto do egocentrismo, mas simplesmente a sua superestrutura. O homem pode ampliar o âmbito do "eu" com tudo aquilo que chama de "meu": o meu cônjuge, o meu apartamento, os meus filhos, a minha namorada, a minha profissão..., de tal maneira que o "meu" fica englobado dentro do "eu"

---

3 João Paulo II, *Carta às famílias*, n. 7.

4 Viktor von Gebsatel, *La compreensión del hombre desde uma perspectiva cristiana*, Rialp, Madri, 1966, p. 148.

como mais um círculo na espiral do egocentrismo. E assim, quando alguém diz, por exemplo, "amo muito o meu marido ou a minha mulher", o que diz na realidade é: "Amo muito o meu *eu*... por detrás do meu cônjuge".

O amor é nesses casos uma forma transferida de egoísmo. Amamos fundamentalmente porque o objeto amado nos completa, nos satisfaz, se integra na nossa personalidade como mais um elemento de realização pessoal. O ser querido, mais do que um destino peculiar que é preciso respeitar e fazer crescer, é um simples complemento do eu. E o amor, um bom álibi para que o nosso egoísmo se agigante.

Um homem pode transferir o seu narcisismo para o seu cônjuge, quando o encara e trata como parte de si mesmo: um objeto de sua propriedade. Quantos casamentos fracassam porque, na verdade, os cônjuges não estão unidos por um amor mútuo, mas por um egoísmo a dois! Uma terceira pessoa que represente para um deles um maior coeficiente de felicidade pode desequilibrar em qualquer momento esse relacionamento instável. Aqui não se concede às pessoas o valor que têm *em si*, mas o valor que têm *para si*; não se pretende com o amor a felicidade do outro, mas fundamentalmente a felicidade própria e o próprio esplendor narcisista. Em todas essas situações, sem se reparar, está-se instrumentalizando o amor e até a própria abnegação. Daí surgem as desavenças e os ciúmes.

Tanto a autossuficiência como o egocentrismo perturbam a harmonia desse remanso de paz que deve ser a família. Entre pessoas orgulhosas, egocêntricas e comodistas, sempre surgirão atritos, discussões, rusgas, faltas de educação e até grosserias. A grosseria é quase sempre, um derivativo da prepotência orgulhosa, porque constitui uma falta de respeito pela dignidade do outro tão pouco valorizada.

As fontes da paz e da alegria familiares

Devemos agora chamar a atenção para os canais de águas límpidas que renovam esse *remanso de paz e de alegria* que é a família. Dentre tantas nascentes que vão alimentando esse remanso, teremos necessariamente que limitar-nos a umas poucas, que não serão as menos importantes.

Respeitar, valorizar, compreender

Há um aspecto indispensável e fundamental do qual não se pode prescindir, que consiste em *saber respeitar*, *valorizar*, *compreender* e *estimular os outros*.

A primeira coisa que devemos procurar é o hábito de prestar atenção, de abrir-nos aos outros com uma palavra afetuosa, com um sorriso. A nossa atitude será como um multiplicador de amabilidades. A nossa atenção e sensibilidade ficarão refletidas no bom humor e na simpatia, no espírito de serviço, na disponibilidade...

Este abrir-se ao modo de ser dos outros levar-nos-á a uma outra atitude indispensável para a boa harmonia nas relações familiares: a *compreensão*. Compreender os outros como eles são, não como gostaríamos que fossem, com as suas ideias e gostos diferentes...

Às vezes, os nossos julgamentos são excessivamente primários e superficiais. Sentenciamos: não presta, não trabalha, só pensa em si mesmo, é muito antipático, fechado, altivo... Mas por quê? O que é que há por trás de tudo isso? Talvez o mal dessa pessoa seja mais íntimo. Talvez sofra de uma doença moral: está desmotivado, ou sofreu uma forte decepção, ou está carente de amor, ou bloqueado pelo medo, ou faltam-lhe a luz e o calor da fé... É até aí, até essa camada mais profunda, que devemos chegar. O amor tem que ultrapassar o olhar superficial que nos faz deter-nos na aparência das coisas.

Se não pensarmos assim, adotaremos uma atitude que não é apenas um egoísmo revestido de aparente nobreza de sentimentos, mas uma absoluta falta de perspectiva. Porque os seres ideais não existem; o que existe na realidade são seres concretos, com as suas limitações, defeitos, imperfeições e fraquezas. Se só pudéssemos amar os que são perfeitos, não amaríamos ninguém. Os orientais têm um provérbio divertido: "Só existem dois homens perfeitos: um não nasceu, o outro já morreu".

A verdadeira compreensão consistirá em desejarmos para os outros o que desejamos para nós. Em todos nós há um desejo íntimo de sermos compreendidos e acolhidos. Às vezes, receamos ser mal interpretados, ou que as nossas falhas sejam aumentadas e distorcidas. Agradecemos quando os outros sabem encontrar delicadamente uma desculpa, uma saída honrosa para os nossos pequenos ou grandes deslizes... Sim, não há quem não sinta o anseio profundo de ser compreendido exatamente como é, com as suas luzes e as suas sombras, com as suas qualidades e os seus defeitos, com as suas virtudes e os seus pecados... Esta experiência íntima deveria levar-nos a proceder com os outros tal como gostaríamos que os outros procedessem conosco.

Devemos ir inclinando-nos suave e decididamente a interpretar a personalidade dos outros não pelo prisma dos defeitos, como fazem os caricaturistas, mas pelo ângulo das virtudes, como fazem as mães, que sabem ver virtudes onde os outros só veem defeitos. É procurar o lado bom que nenhuma personalidade deixa de ter. É compreender que a sombra dos defeitos alheios não deve tirar o brilho das qualidades, mas ao contrário, como nos esplêndidos quadros de Rembrandt: as sombras devem tornar mais vivas as luzes. É alegrar-se e admirar-se sinceramente com os êxitos dos outros, apesar de estarem pontilhados de malogros. É ter por princípio um olhar benevolente, mais ainda, *cheio de admiração*, para com todas as pessoas em geral, a começar pela família e pelos parentes, sobretudo pelo cônjuge. Assim no-lo recomenda Chevrot: "Não é verdade que a atitude de admiração nos transmite paz e força precisamente por ser uma forma de oração? É a admiração que devemos a Deus e a todos os filhos de Deus".

O perdão

O *perdão* é o fruto saboroso da compreensão.

A amabilíssima e ilimitada capacidade de perdoar do Senhor — à mulher adúltera, ao ladrão na hora da sua agonia, ao filho pródigo da parábola — deveria ser um exemplo para nós. E esse exemplo enxertado na nossa fraca natureza deveria guiar-nos não apenas nos momentos cruciais, mas também nos corriqueiros. O convívio fraternal de Jesus com todos, a sua paciência com os que intempestivamente lhe saíam ao encontro, doentes, crianças, necessitados, curiosos..., deveria também ajudar-nos a adquirir essa feição de diligente benevolência para com todos no nosso viver quotidiano. Deveria traduzir-se numa atitude de benignidade diante de todos os erros e afrontas alheias, numa capacidade grande de encarar com elegância, com "espírito esportivo", os mil incidentes da vida diária em que naturalmente nos sentimos atingidos pelas faltas e indelicadezas das pessoas que nos rodeiam.

Quantas tempestades familiares nascidas de uma ofensa talvez impremeditada, impulsiva, poderiam ter-se superado se, desde o início, a pessoa atingida as tivesse perdoado com um gesto que viesse a dizer de uma forma bem-humorada: "Deixa para lá, não tem importância!"

Guardo na memória um gesto de perdão que mereceria ficar gravado nos anais históricos do pensamento nacional, e que me foi contado por Gustavo Miguez, genro de Gustavo Corção. É bem sabido que, nos últimos anos de suas vidas, as relações entre Gustavo Corção e Alceu de Amoroso Lima, que tinham sido muito amigos, estavam bastante estremecidas, por razões que não vêm ao caso aqui.

Pois bem, um filho de Alceu sofreu um acidente de carro e ficou hospitalizado em estado gravíssimo. O pai foi à igreja e, diante do Sacrário, rezou pela cura do filho e prometeu: "Farei qualquer coisa que me pedires..." No fundo da sua consciência, ouviu este sussurro: "Pedir perdão a Gustavo Corção". A sua primeira reação foi dizer "Não". Mas, pensando no filho e na promessa feita, foi à casa de Corção, que no primeiro momento não quis recebê-lo, pois pensava que o outro tivesse vindo para brigar; mas acabou cedendo. Quando o viu, Alceu pôs-se de joelhos e disse-lhe: "— Gustavo, vim pedir-lhe perdão". Emocionado, Corção, ajoelhando-se ao seu lado, abraçou-o e disse-lhe: "— Eu também lhe peço perdão". Momentos depois — de forma inesperada —, telefonaram a Alceu do hospital dizendo-lhe que o seu filho acabava de ficar fora de perigo.

Este comovente episódio deveria fazer-nos pensar como agrada a Deus que nos disponhamos a pedir perdão, e principalmente às pessoas da nossa família; e também como a atitude fechada à benignidade é como uma trombose que bloqueia as artérias do Corpo Místico de Cristo, impedindo a passagem da graça... Não é preciso ajoelhar-se. Basta muitas vezes um olhar, um gesto cordial, um sorriso...

Esta forma de agir tem um fundamento profundo no ensinamento que Jesus nos transmite na oração do Pai-nosso: "Perdoai-nos as nossas ofensas assim como nós perdoamos a quem nos tem ofendido". Há uma lei de proporcionalidade entre perdoar as ofensas dos outros e sermos perdoados por Deus das nossas próprias ofensas. E há também uma proporcionalidade semelhante entre a benignidade com que esquecemos as afrontas dos outros e a benignidade com que Deus apaga do seu coração as nossas próprias afrontas. Seremos perdoados porque perdoamos; não seremos julgados porque também nós não julgamos os outros...

Não podemos ter, como dizem, "memória de elefante". Ouvimos comentar com frequência: "Eu perdoo, mas não esqueço". Já é um grande mérito perdoar com a vontade, mas deve haver um movimento mais profundo que cauterize todo esse mundo informe de lembranças misturadas com mágoas e ressentimentos que talvez preservemos na memória e no coração.

Para isso, devemos enveredar por caminhos de oração, pôr Cristo crucificado entre a pessoa que nos ofendeu e nós mesmos, pensando: "Se o Senhor derramou o seu sangue por mim, eu ao menos deveria saber desfazer-me da bílis amarga da minha mágoa e do meu rancor. Menos é que não posso fazer".

A delicadeza doméstica e o sorriso sacrificado

A delicadeza doméstica é indispensável. A família é como um universo poliédrico... Tem tantas facetas!... Há tantos detalhes afetuosos que vamos aprendendo ao longo da vida, que seria necessário outro livro para dar conta apenas dos principais! Mas, para não me estender demais e, mesmo assim, aquietar a minha consciência, transcrevo uma página de um livro que recomendo: *A paz na família*, de Francisco Faus.

> "Sabemos dizer «Por favor»? Sabemos ceder o melhor lugar na sala para assistir à televisão? Sabemos escolher o pior pedaço nas refeições? Sabemos apressar-nos no banho, para não fazer esperar os outros? Sabemos agradecer, dizendo: «Obrigado, muito obrigado, já percebi que você se lembrou de me comprar tal coisa»? Sabe o marido dizer, com um brilho sincero nos olhos: «Você está linda com esse vestido novo», «Você prepara o melhor vatapá do Brasil», «O que seria desta casa sem você?» Sabe ela «esperar» o marido, não para despejar-lhe em cima a carga elétrica acumulada durante o dia, mas para cumulá-lo de pequenas atenções?"[5]

Pais e filhos deveriam lembrar-se de que existe "um ato, um gesto precioso e insubstituível, que torna cálidas e luminosas todas as amabilidades e serviços: o sorriso"[6]. Os orientais têm um ditado encantador: "Quem não souber sorrir, que não abra uma loja". Poderíamos nós acrescentar: quem não souber sorrir, que não funde uma família, que não pretenda ser amado.

Um sorriso pode ser mais elegante do que um longo discurso; um sorriso é capaz de representar o sinal claro de um perdão que não se sabe explicitar com palavras; um sorriso que acompanhe um favor

5 Francisco Faus, *A paz na família*, Quadrante, São Paulo, 1997, pp. 55-56.

6 *Ibid.*, p. 57.

prestado é como se se dissesse: "Não foi nada, estamos aqui para isso".

Temos de saber cultivar a arte de ser amáveis, rejeitando qualquer forma de altivez que nos torne distantes e talvez frios. O sorriso cumpre essa função de aproximação, de amabilidade calorosa, como se se estivessem abrindo de par em par as portas do coração, como se se estivesse murmurando: "Pode entrar, esteja em casa, fique à vontade...", ainda que às vezes o próprio coração esconda a amargura mais íntima.

Embora muito conhecido, vale a pena recordar aqui o episódio relatado por André Maurois na sua biografia de Disraeli. O autor descreve as dificuldades com que o primeiro-ministro inglês lutou para transpor os primeiros degraus da sua carreira política e a ajuda insubstituível que lhe prestou nessa luta a esposa, que o amava profundamente. Depois de muitos esforços, Disraeli conseguiu uma cadeira na Câmara dos Comuns; chegado o grande dia em que deveria pronunciar o seu primeiro discurso no Parlamento, a esposa acompanhou-o na carruagem até à entrada. Disraeli desceu e despediu-se carinhosamente através da janela. Quando fechou a porta, a esposa sorria, mas não disse uma palavra; sorria, sorria... Mal o marido se afastou, caiu desmaiada no assento: a porta da carruagem, ao fechar-se, tinha-lhe prendido a mão e esmagado os dedos. Em vez de gritar, conseguiu sorrir. Escondeu assim uma dor insuportável; sabia que o marido não teria condições psicológicas de pronunciar o discurso se visse a sua mão naquele estado... Um sorriso sangrento, um sorriso heroico...

O correr dos anos, as decepções do passado, as preocupações com o futuro, o cansaço e as doenças tenderão porventura a roubar-nos essa capacidade de dar um pouco da nossa alma em forma de um sorriso. Mas, ainda que nos custe, não deixemos que nos arrebatem esse dom. Então o sorriso se converterá num verdadeiro sacrifício, sem dúvida o melhor dos sacrifícios, no esforço por tornar a vida dos outros mais grata. João Paulo I, o "Papa do sorriso"[7], quando ainda cardeal, dizia num escrito sobre o fundador do Opus Dei que ele nos tinha ensinado precisamente a substituir "a tragédia diária pelo sorriso diário".

Ninguém tem maior amor do que aquele que dá a vida pelos seus amigos (Jo 15, 13). Assim fez o Senhor: deu até a última gota do seu sangue. Neste saber morrer diariamente pelas pessoas da família está o último segredo da paz conjugal. Não fazendo "tragédias diárias", mas sim convertendo-as, com um espírito bem humorado, no "sorriso diário".

Semeadores de paz e de alegria

A paz e a serenidade conseguidas no abandono amoroso nas mãos do nosso Pai-Deus irão sempre acompanhadas de alegria.

A alegria é como que uma manifestação vibrante dessa paz e dessa serenidade que estão enraizadas na alma pela confiança e pelo amor. A consciência de estarmos caminhando para a felicidade eterna,

---

7 Cf., por exemplo, Andrea Tornielli e Alessandro Zangano, *João Paulo I: o pároco do mundo*, Quadrante, São Paulo, 2023.

intensamente sentida na vivência experimental de Deus, acaba por inundar a alma de uma paz e de uma alegria tão intensas que se tornam necessariamente comunicativas, como o fogo, que se alimenta expandindo-se, e que, para sobreviver, procura sempre novas coisas para queimar.

João Paulo II, na Carta Apostólica *Novo milennio ineunte*, fala de uma "experiência pessoal de Deus que é o segredo de um cristianismo verdadeiramente vital", que torna o "coração verdadeiramente apaixonado" e dele faz brotar "uma alegria inexprimível"[8].

Uma paz e uma alegria inexprimíveis não podem ficar represadas: têm que ser proclamadas, talvez aos brados, porque, como disse Jesus, se os homens não proclamam as glórias do Senhor, *as próprias pedras gritarão* (Lc 19, 40).

Da abundância do coração fala a boca (Lc 6, 45). Bem o exprime Santa Rosa de Lima. Depois de ouvir Nosso Senhor, depois de experimentar no seu coração as inefáveis consolações da graça e do amor divinos, exclama:

> "Penetrou-me um forte ímpeto de colocar-me no meio da praça e bradar a todos, de qualquer idade, sexo e condição: «Ouvi, povos; ouvi, gentes. Seguindo o preceito de Cristo, repetindo as palavras saídas dos seus lábios, quero exortar-vos: cumpre acumular trabalhos sobre trabalhos para alcançar a íntima participação na natureza divina, a glória dos filhos de Deus e a perfeita felicidade da alma». Parecia-me não poder mais conter a

---

8 Cf. João Paulo II, Carta Apostólica *Novo millenio ineunte*, 6.01.2001, nn. 32 e 33.

> alma na prisão do corpo sem que, quebradas as cadeias, livre, só e com a maior agilidade, fosse pelo mundo dizendo: «Quem dera que os mortais conhecessem o valor da graça divina, como é bela, nobre, preciosa; quantas riquezas esconde em si, quantos tesouros, quanto júbilo e delícia!» Sem dúvida, então, eles iriam todos pela terra em busca, não já de fortunas, mas do inestimável tesouro da graça"[9].

Quando a água contida numa panela fechada é submetida a uma alta temperatura, ferve, borbulha e faz saltar a tampa. Assim acontece com o coração humano ao ser aquecido na oração: a paz e a alegria, frutos do amor, tornam-se uma força expansiva que faz ultrapassar o medo, a vergonha, os respeitos humanos, o comodismo e a preguiça, e se derrama como um rio que transborda com as chuvas: *O meu coração transborda de alegria no meio de todas as minhas tribulações* (2 Cor 7, 4), escrevia São Paulo. E, provavelmente gritando, exclamava: *Ai de mim se não evangelizar!* (1 Cor 9, 16).

Assim o diz a letra de uma música que os jovens gostam de cantar, especialmente durante o Sacramento da Crisma:

> "Tenho que gritar, tenho que arriscar, ai de mim se não o faço! Como escapar de Ti? Como não falar, se a tua voz me queima por dentro? Tenho que andar, tenho que lutar, ai de mim se não o faço! Como escapar de Ti, como não falar, se a tua voz me queima por dentro?"

---

9 Santa Rosa de Lima, *Ad medicum Castillo. La Patrona de América*, L. Getino, Madri, 1928, pp. 54-55.

Não é apenas a gripe que é contagiosa: a paz e a alegria, tal como a amargura e o mau humor, são também contagiosas. Há sem dúvida uma forma de "melancolia infecciosa" e de "mau humor por contágio"; *a cólera* — o mau-humor — é mais contagiosa do que *o cólera*. Mas a alegria que transborda do coração é ainda muito mais expansiva e irradiante.

Para nós, cristãos, a paz e a alegria, na sua dimensão social e sobretudo familiar, têm fundamentalmente dois aspectos: por um lado, tendem a derramar-se, a comunicar-se; por outro, atraem, cativam. Não são algo artificial ou postiço, mas saem de dentro, e por isso tendem naturalmente a expandir-se. Quem está sereno e contente em Deus não o consegue ocultar.

É assim que o amor que temos por Deus, por este mundo tão belo que Ele criou e que nos rodeia, se derrama em forma de simpatia pelos nossos irmãos, de acolhimento cordial, de apostolado espontâneo. E, pelo contrário, quando alguém fica fechado dentro de si mesmo e não difunde as verdades cristãs, está dizendo aos gritos — sem abrir a boca — que a sua fé e o seu amor são insuficientes. A maior ou menor vibração, em termos de evangelização dos que temos ao nosso lado, indicam o maior ou menor entusiasmo espiritual. O apostolado é um termômetro da nossa vida de oração, na qual se forjam e se cultivam a paz e a alegria.

Por outro lado, a paz e a alegria atraem, arrastam. Todos querem compartilhar a vida de um homem ou de uma mulher serenos e alegres. Existe em todos nós uma polarização para a felicidade e para as suas expressões visíveis. Tendemos para ela como os corpos para o seu centro de gravidade. É uma lei que não podemos evitar. Por isso, quando vemos numa pessoa esse reflexo da paz e da alegria que são expressões da felicidade, sentimo-nos naturalmente cativados.

Dizíamos em outro lugar que, se alguns dos homens de Deus — como São Francisco de Assis ou o Padre Pio — trouxeram no seu corpo *os sinais da paixão de Cristo* em forma de chagas, todos nós poderíamos muito bem trazer nas nossas atitudes, no nosso rosto, no nosso sorriso, *o sinal da ressurreição de Cristo*, que é a paz e a alegria: seríamos então verdadeiramente testemunhas de Cristo Ressuscitado! E conquistaríamos os outros como aqueles pescadores do lago de Tiberíades que arrastaram o mundo com eles.

Depois da Ressurreição, a saudação do Senhor aos seus discípulos, repetida muitas vezes, era esta: *A paz esteja convosco* (Jo 14, 27). Assim deveríamos também nós cumprimentar-nos, dando-nos mutuamente a paz. Algumas vezes, pode ser com a palavra, mas sobretudo deveria ser não apenas com as palavras, mas com as atitudes, os gestos, a disponibilidade para o serviço aos outros, a amabilidade prestativa...

Dar a paz com o seu comportamento na vida diária é, sem dúvida, o distintivo do verdadeiro cristão. Se damos às pessoas da família muitas coisas — conforto, recursos educativos ou profissionais, aparelhos modernos... —, mas não sabemos dar-lhes a paz, não lhes demos nada. O presente mais valioso representa pouco se não comunica a paz indispensável a qualquer ser humano.

Para atrair os peixes, o pescador precisa de uma isca. E a nossa isca de pescadores de homens é a alegria, a amabilidade humilde que se expressa numa atitude serena, num gesto cordial. Muitos fracassos apostólicos têm a sua origem nas atitudes duras, nas exigências ríspidas, nos rostos carrancudos, na amargura, na falta de acolhimento e simpatia.

Numa conferência dada em 1998 para cerca de cem bispos brasileiros no Rio de Janeiro, o cardeal Darío Castrillón falava precisamente do magnetismo que irradiam os santos, da capacidade transformadora da sua presença e do seu exemplo. Contava-nos a experiência que teve ao viajar no mesmo avião que Teresa de Calcutá. Logo que atingiram a velocidade de cruzeiro, uma aeromoça aproximou-se da Madre, fez-lhe uma confidência pessoal e pediu-lhe que a abençoasse. Minutos depois, outra aeromoça fez o mesmo, e mais tarde um dos comissários, e outro, e outro, até que por fim os próprios pilotos saíram da cabine para estar um pouco com ela e receber também a sua bênção. O ambiente do avião mudou por completo. Que atrativos humanos teria essa mulher, aparentemente insignificante, essa velhinha de rosto enrugado, diminuta, já encurvada pelos anos? Era o atrativo da bondade, da virtude, da abnegação total, do amor aos pobres, da santidade..., dessa alegria e dessa paz que dimanam da união com Deus, o atrativo desse *bonus odor Christi* (2 Cor 2, 15) de que nos fala São Paulo, desse perfume, desse aroma que cativa e arrasta.

> "O apostolado cristão não é um programa político nem uma alternativa cultural; consiste na difusão do

> bem, no contágio do desejo de amar, numa semeadura concreta de paz e de alegria"[10].

Os cristãos devem ser no mundo um bálsamo de serenidade, de compreensão e de júbilo. Deste modo, a verdade irradiará e se estenderá *sicut fluvium pacis* (Is 66, 12), como um grande rio de paz.

Se queremos falar de Deus, da mensagem evangélica, erradiquemos de vez qualquer palavra que tenha um sabor de amargura, de crítica negativa ou pessimismo. Comecemos sempre a falar com um sorriso...

Muitos sociólogos, jornalistas e estudiosos das Ciências da Comunicação perguntaram-se como um Papa idoso e alquebrado como João Paulo II conseguiu reunir dois milhões e meio de jovens em Tor Vergata, perto de Roma, no ano 2000, e outro milhão em Paris. Já houve quem dissesse que essa *empatia* impressionante era o resultado de uma espécie de *osmose espiritual*, uma intercomunicação contagiosa, de dimensões planetárias. O que talvez esses sociólogos não acabassem de perceber é que essa prodigiosa capacidade tinha uma causa muito clara: as multidões — inclusive os não-católicos — viam em João Paulo II a certeza da fé, a segurança de um homem que caminhava com a convicção de que estava conduzindo a humanidade para a felicidade eterna.

Não podemos esquecer que esse homem de Deus escreveu no seu último documento mais significativo

10 São Josemaria Escrivá, *É Cristo que passa*, Quadrante, São Paulo, 2023, n. 124.

que *todo o caminho pastoral deve tender à santidade* e que essa santidade se obtém através da oração, de uma *experiência pessoal de Deus*, de um diálogo *apaixonado* que chega à *alegria inexprimível*"[11].

A Rainha da Paz

Maria, — como diz a ladainha lauretana — é *Rainha da paz, Causa da nossa alegria, Consoladora dos aflitos, Refúgio dos pecadores*. Muitos teólogos da Igreja confirmam o que já dizia Santo Inácio de Antioquia no primeiro século do cristianismo: "É impossível que um pecador se salve sem o auxílio de Maria. Não é a justiça de Deus que nos salva: é a misericórdia, movida pelas súplicas de Maria"[12].

É por esta razão que cada um de nós deveria seguir sempre a recomendação de São Bernardo:

> "Se se levantarem os ventos das provações, se tropeçares com os escolhos da tentação, olha para a estrela, chama por Maria. Se te agitarem as onda da soberba, da ambição ou da inveja, olha para a estrela, chama por Maria. Se a ira, a avareza ou a impureza arrastarem violentamente a nave da tua alma, olha para Maria. Se, perturbado com a memória dos teus pecados, confuso ante a fealdade da tua consciência, temeroso ante a ideia do juízo, começares a afundar-te no fosso da tristeza ou no abismo do desespero, pensa em Maria.
>
> "Nos perigos, nas angústias, nas dúvidas, pensa em Maria, invoca Maria. Não se afaste Maria da tua boca, não se afaste do teu coração; e, para conseguires a sua

11 João Paulo II, Carta Apostólica *Novo millenio ineunte*, nn. 32-33.

12 Santo Inácio de Antioquia, apud Diego de Celada, *De Judith figurata*, X, 69.

> ajuda intercessora, não te afastes tu dos exemplos da sua virtude. Não te extraviarás se a segues, não te desesperarás se a invocas, não te perderás se nela pensas. Se Ela te sustiver entre as suas mãos, não cairás; se te proteger, nada terás a recear; não te fatigarás, se Ela for o teu guia; chegarás felizmente ao porto, se Ela te amparar"[13].

E deveríamos também ouvir, como ditas para nós, as palavras dirigidas pela Virgem de Guadalupe ao índio Juan Diego, que estava aflito com a doença do seu tio:

> "Escuta, e guarda-o no teu coração, meu filho o menor, que o que te assusta e te aflige é nada. Não se perturbe o teu rosto nem o teu coração, não temas esta doença nem nenhuma outra doença ou coisa dolorosa e aflitiva. Não estou Eu aqui, Eu que sou a tua Mãe? Não estás sob a minha sombra e resguardo? Não sou Eu a fonte da tua alegria? Não estás debaixo do meu manto e nos meus braços? Por acaso tens necessidade de alguma outra coisa? Nada te aflija ou te perturbe"[14].

Ao terminarmos estas páginas, gostaria de pedir a Maria, Rainha da Paz e Causa da nossa alegria, que nos abençoasse com aquela fórmula bíblica já referida:

> *O Senhor te abençoe e te guarde,*
> *volte o seu rosto sereno para ti,*
> *tenha compaixão de ti*
> *e te dê a paz* (Nm 6, 26).

---

13 São Bernardo, *Homilia 2*.

14 Francisco Ansón, *O mistério de Guadalupe*, Quadrante, São Paulo, 1998, p. 21.

Direção geral

Renata Ferlin Sugai

Direção editorial

Hugo Langone

Produção editorial

Juliana Amato

Gabriela Haeitmann

Ronaldo Vasconcelos

Roberto Martins

Capa

Gabriela Haeitmann

Diagramação

Sérgio Ramalho

ESTE LIVRO ACABOU DE SE IMPRIMIR
A 19 DE MARÇO DE 2024,
EM PAPEL PÓLEN BOLD 90 g/m^2.